钻井工程造价管理丛书

钻井工程全过程工程量清单计价标准

黄伟和　刘　海　著

石油工业出版社

内 容 提 要

本书系统阐述了一套基于工程量清单计价模式、满足石油天然气勘探开发建设项目全过程管理需要的钻井工程计价标准体系。首先介绍了钻井工程计价标准基本概念，其次介绍了建设单位钻井工程计价标准管理方法，最后介绍了施工单位钻井工程计价标准管理方法。

本书可供从事石油天然气勘探开发建设项目的钻井工程造价管理、工程设计、项目管理、规划计划、财务资产、企管法规、生产运行、市场开发、审计、监察等工作的人员阅读，也可作为相关人员的培训教材。

图书在版编目（CIP）数据

钻井工程全过程工程量清单计价标准／黄伟和，刘海著.
—北京：石油工业出版社，2020.7
ISBN 978-7-5183-4137-5

Ⅰ.①钻… Ⅱ.①黄… ②刘… Ⅲ.①钻井工程－工程造价－标准 Ⅳ.①F407.226.72-65

中国版本图书馆 CIP 数据核字（2020）第 127356 号

出版发行：石油工业出版社有限公司
（北京朝阳区安定门外安华里2区1号　100011）
网　址：www.petropub.com
编辑部：(010) 64523561
图书营销中心：(010) 64523633
经　销：全国新华书店
印　刷：北京中石油彩色印刷有限责任公司

2020年7月第1版　2020年7月第1次印刷
787毫米×1092毫米　开本：1/16　印张：9.25
字数：200千字

定价：60.00元
（如出现印装质量问题，我社图书营销中心负责调换）

版权所有，翻印必究

前　言

　　为了全面加强中国石油钻井工程造价管理，提高造价专业人员的管理能力和管理水平，笔者从 2002 年开始编制钻井工程造价培训教材，并于 2004 年开始举办第 1 期中国石油天然气集团公司钻井工程造价管理人员培训班，至今已经举办了 16 期。这期间，培训内容与时俱进，目前的培训课程包括钻井工程工艺、钻井工程造价管理、钻井工程计价方法、钻井工程计价标准。以全过程、全要素、全风险、全团队的全面造价管理思想为指导，通过持续深入研究，钻井工程造价管理理论经历了开创、发展、升华 3 个阶段，形成了一套钻井工程造价管理知识体系，包括钻井工程工艺、钻井工程全过程造价管理方法、钻井工程全过程工程量清单计价方法、钻井工程全过程工程量清单计价标准。为合理确定和有效控制钻井工程造价、系统解决钻井工程降本增效问题、全面开展钻井工程造价管理信息化建设、大幅提升钻井工程造价管理科学化水平打下坚实基础。

　　钻井工程计价标准是指根据一定的技术标准和施工组织条件，完成规定计量单位的钻井工程量所消耗的人工、设备、材料和费用的标准额度，是一种经济技术标准。笔者在系统总结 10 余年实践经验基础上，建立了基于工程量清单计价模式、满足石油天然气勘探开发建设项目全过程管理需要的钻井工程计价标准体系。本书主要内容包括 3 个部分：第一部分是钻井工程计价标准基本概念，包括钻井工程基础定额、消耗定额、费用定额、预算定额、工程建设其他定额、概算定额、概算指标、估算指标、参考指标的概念和主要作用。第二部分是建立了一套建设单位钻井工程计价标准管理方法，包括钻井工程计价标准编制流程、钻井生产力水平分析和钻井工程预算定额、工程建设其他定额、概算定额、概算指标、估算指标、参考指标的编制方法以及钻井工程计价标准应用方法。第三部分是建立了一套施工单位钻井工程计价标准管理方法，包括钻井工程计价标准编制流程、钻井生产力水平分析和钻井工程基础定额、消耗定额、费用定额、预算定额、工程建设其他定额、概算定额、概算指标的编制方法以及钻井工程计价标准应用方法。

　　本书可供从事石油天然气勘探开发建设项目的钻井工程造价管理、工程设计、项目管理、规划计划、财务资产、企管法规、生产运行、市场开发、审计、监察等工作的人员阅读，也可作为相关人员的培训教材。

　　由于石油天然气钻井行业专业技术性强，工程造价管理涉及面广，加之笔者水平和知识有限，书中不妥之处在所难免，敬请读者批评指正，提出宝贵意见和建议，以便今后不断完善。

目 录

1 钻井工程计价标准基本概念 1
    1.1 钻井工程基础定额 2
    1.2 钻井工程消耗定额 3
    1.3 钻井工程费用定额 3
    1.4 钻井工程预算定额 4
    1.5 工程建设其他定额 5
    1.6 钻井工程概算定额 5
    1.7 钻井工程概算指标 5
    1.8 钻井工程估算指标 6
    1.9 钻井工程参考指标 7
    1.10 钻井工程计价标准管理基本原则 7

2 建设单位钻井工程计价标准管理方法 9
    2.1 钻井工程计价标准编制流程 9
    2.2 钻井生产力水平分析方法 10
    2.3 钻井工程预算定额编制方法 10
    2.4 工程建设其他定额编制方法 16
    2.5 钻井工程概算定额编制方法 18
    2.6 钻井工程概算指标编制方法 23
    2.7 钻井工程估算指标编制方法 24
    2.8 钻井工程参考指标编制方法 25
    2.9 钻井工程计价标准水平分析方法 26
    2.10 钻井工程计价标准优化调整方法 30
    2.11 钻井工程计价标准应用方法 30

3 施工单位钻井工程计价标准管理方法 38
    3.1 钻井工程计价标准编制流程 38

  3.2 钻井生产力水平分析方法 …………………………………………… 39

  3.3 钻井工程基础定额编制方法 ………………………………………… 39

  3.4 钻井工程消耗定额编制方法 ………………………………………… 49

  3.5 钻井工程费用定额编制方法 ………………………………………… 49

  3.6 钻井工程预算定额编制方法 ………………………………………… 52

  3.7 工程建设其他定额编制方法 ………………………………………… 57

  3.8 钻井工程概算定额编制方法 ………………………………………… 58

  3.9 钻井工程概算指标编制方法 ………………………………………… 58

  3.10 钻井工程计价标准水平分析方法 ………………………………… 59

  3.11 钻井工程计价标准优化调整方法 ………………………………… 59

  3.12 钻井工程计价标准应用方法 ……………………………………… 67

案例 A 建设单位钻井工程计价标准体系示例 …………………………………… 71

案例 B 施工单位钻井工程计价标准体系示例 …………………………………… 106

参考文献 ……………………………………………………………………………… 140

1 钻井工程计价标准基本概念

钻井工程计价标准指根据一定的技术标准和施工组织条件，完成规定计量单位的钻井工程量所消耗的人工、设备、材料和费用的标准额度，是一种经济技术标准。

钻井工程计价标准包括基础定额、消耗定额、费用定额、预算定额、工程建设其他定额、概算定额、概算指标、估算指标、参考指标等9种。图1–1给出了钻井工程计价标准体系结构。基于标准井的概算定额和概算指标将定额类计价标准和指标类计价标准联系起来，形成一套完整的钻井工程计价标准体系。

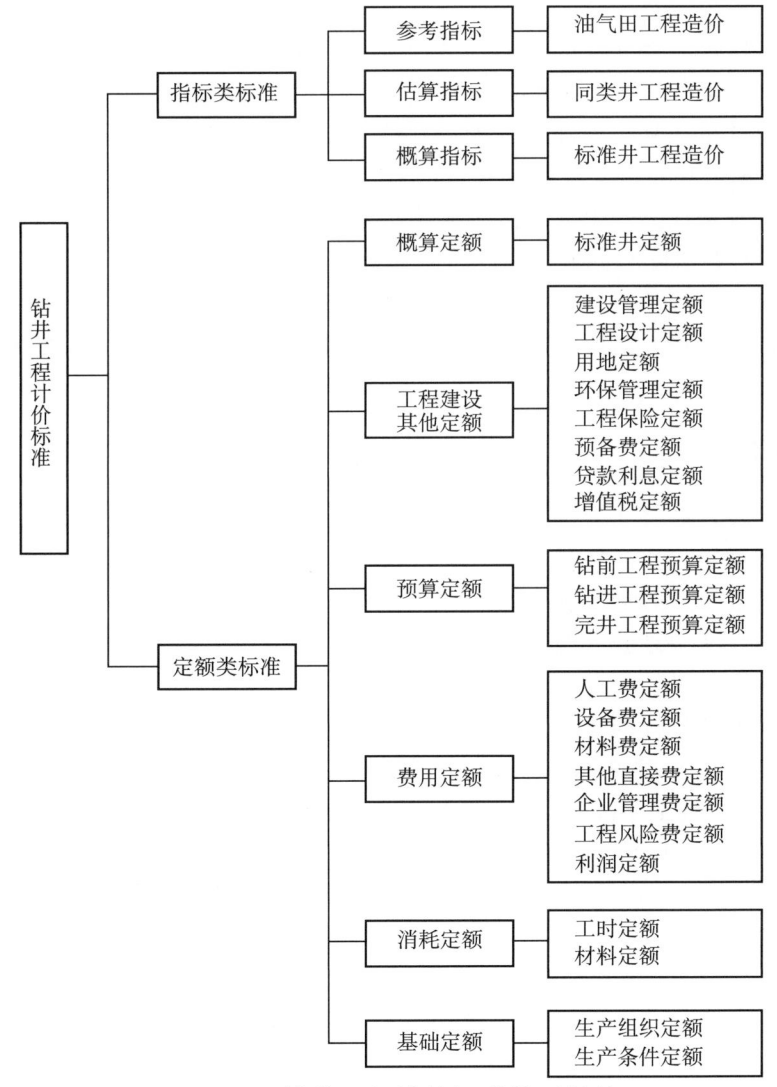

图1–1 钻井工程计价标准体系结构

1.1 钻井工程基础定额

1.1.1 基础定额概念

基础定额是在一定的生产组织方式和生产条件下，在某一个油气区范围内实施钻井工程的人员、设备配备标准和相关工作量标准。基础定额包括生产组织定额、生产条件定额。

1.1.1.1 生产组织定额

生产组织定额是在某一个油气区正常生产条件下组织实施钻井工程所需要的一系列施工队伍的类型、数量和配套施工手段。生产组织定额包括施工队伍定额、人员定额、设备定额、工作量定额。

（1）施工队伍定额是在某一个油气区为实施钻井工程需要配套的一系列施工队伍的类型、数量标准，例如钻井队、固井队、测井队、录井队的类型和数量。

（2）人员定额是在某一个油气区为实施钻井工程需要配备的施工队伍人员数量和费用标准，例如钻井队人员定额、测井队人员定额。

（3）设备定额是在某一个油气区为实施钻井工程需要配备的施工设备的配置数量和费用标准，例如各种钻机配套标准、资产原值、折旧、修理费或摊销等。

（4）工作量定额是在某一个油气区正常的生产组织和施工条件下，某一时间段内钻井施工队伍和设备应该并且能够实施的钻井工程量标准，例如年有效工作时间、年有效工作量。

1.1.1.2 生产条件定额

生产条件定额是在某一个油气区正常生产条件下组织实施钻井工程所需要的相关技术标准和有关管理规定。生产条件定额包括油气田和区块划分标准、设备类型划分标准、车辆平均行驶距离、车辆平均行驶速度等。

（1）油气田和区块划分标准是在某一个油气区范围内根据油气藏地质条件和生产管理需要而划分的油气田和区块。

（2）设备类型划分标准是在某一个油气区正常生产条件下实施钻井工程所用各种设备的类型归类标准，例如 ZJ60DS 钻机划归为 ZJ70 级别钻机。

（3）车辆平均行驶距离是在某一个油气区正常生产条件下实施钻井工程所用各种车辆在生产基地、油气田、区块、材料库等之间行驶的平均距离。

（4）车辆平均行驶速度是在某一个油气区正常生产条件下实施钻井工程所用各种车辆的平均行驶速度。

1.1.2 基础定额主要作用

基础定额涵盖了本油气区范围内实施钻井工程的施工队伍类型和各种施工队伍的总体

结构，代表了当前生产力条件下的油气区钻井生产总体水平。基础定额是编制消耗定额、费用定额和预算定额的基础，也为总体优化钻井生产组织、提高劳动生产率、有效降低钻井综合成本打下基础。

1.2 钻井工程消耗定额

1.2.1 消耗定额概念

消耗定额是在一定的工艺技术和生产组织条件下，施工队伍为实施钻井工程中规定计量单位工程所消耗的人工工时、设备台时以及材料数量的标准。消耗定额包括工时定额和材料定额。

（1）工时定额指实施钻井工程中某一规定计量单位工程所消耗的人工工时和设备台时。

（2）材料定额指实施钻井工程中某一规定计量单位工程所消耗的材料数量。

1.2.2 消耗定额主要作用

消耗定额是编制预算定额的基础。消耗定额乘以相对应的工时和材料价格，编制出预算定额中的人工费、设备费、材料费。消耗定额也为施工单位有效节约钻井工程人工、设备、材料消耗和制定考核指标提供了定量标准。

1.3 钻井工程费用定额

1.3.1 费用定额概念

费用定额是在基础定额和消耗定额所规定的生产组织和施工条件下，施工队伍实施钻井工程中规定计量单位工程所消耗的各种费用标准。费用定额包括人工费定额、设备费定额、材料费定额、其他直接费定额、企业管理费定额、工程风险费定额、利润定额。

（1）人工费定额指实施钻井工程中规定计量单位工程所消耗的人工费标准，包括技能工资、岗位工资、各种津贴、保险等与人员有关的全部费用。

（2）设备费定额指实施钻井工程中规定计量单位工程所消耗的设备费标准，包括设备折旧、修理费。有些设备和重复使用的工具按摊销计算，有些设备以某种服务价格表现。

（3）材料费定额指实施钻井工程中规定计量单位工程所消耗的材料费标准。

（4）其他直接费定额指实施钻井工程中规定计量单位工程所直接消耗的但不能归入上述三种费用定额的相关费用标准，例如通信费、日常运输费。

（5）企业管理费定额指实施钻井工程中规定计量单位工程所要分摊的管理性和辅助性费用标准，是施工企业管理费，包括项目组（部）、分（子）公司和公司总部三级管理费。

（6）工程风险费定额指实施钻井工程中规定计量单位工程所要分摊的风险性费用标准。

风险性费用指意外情况下发生的自然灾害、井下复杂或事故，造成时间和材料消耗大幅度增加而发生的费用。

（7）利润定额指施工队伍实施钻井工程中规定计量单位工程而应得的名义利润标准。

1.3.2 费用定额主要作用

费用定额是编制预算定额的基础。预算定额中人工费、设备费、材料费、其他直接费、管理费、风险费、利润由费用定额计算得出。费用定额也为施工单位有效节约钻井工程各项费用和制定费用考核指标提供了定量标准。

1.4 钻井工程预算定额

1.4.1 预算定额概念

预算定额指实施钻井工程中规定计量单位工程所消耗的人工、设备、材料和其他项目的费用标准。钻井工程预算定额包括钻前工程预算定额、钻进工程预算定额、完井工程预算定额。预算定额是一种综合单价，由直接费、间接费、利润三部分构成，主要表现形式有分部分项工程综合单价、队伍施工综合单价、主要材料综合单价、材料运输综合单价、其他作业综合单价。

（1）分部分项工程综合单价是按规定计量单位分部分项工程所消耗的人工、设备、材料和其他项目的综合单位价格，例如道路修建综合单价、井场修建综合单价。

（2）队伍施工综合单价是钻井工程施工队伍实施规定计量单位工程所消耗的人工、设备、材料和其他项目的综合单位价格，例如钻井队施工综合单价、录井队施工综合单价。

（3）主要材料综合单价是钻井工程中按照规定计量单位单独核算的主要材料综合单位价格，例如钻头、套管等主要材料的综合单价。

（4）材料运输综合单价是钻井工程施工过程中按照规定计量单位运送材料的综合单位价格，例如各种卡车、罐车的运输价格。

（5）其他作业综合单价是钻井工程施工过程中按照规定计量单位实施其他作业的综合单位价格，例如废弃钻井液环保处理价格。

1.4.2 预算定额主要作用

预算定额是一种综合性计价定额，是编制概算指标的基础。预算定额是建设单位编制钻井工程初设概算、设计预算、招标标底和确定合同价格、实施工程结算的主要依据，是施工单位编制钻井工程成本预算、投标报价和确定合同价格、实施工程结算的主要依据，也为建设单位和施工单位进行经济活动分析、制定考核指标提供了定价依据。

1.5 工程建设其他定额

1.5.1 工程建设其他定额概念

工程建设其他定额是在实施钻井工程过程中非钻井工程实体消耗，但与实施钻井工程密切相关的费用标准。工程建设其他定额包括建设管理定额、工程设计定额、用地定额、环保管理定额、工程保险定额、预备费定额、贷款利息定额、增值税定额。

1.5.2 工程建设其他定额主要作用

工程建设其他定额是编制概算指标的基础。工程建设其他定额是建设单位编制钻井工程可研估算、初设概算、设计预算、招标标底和确定合同价格、实施工程结算和竣工决算的主要依据，是施工单位编制钻井工程成本预算、投标报价和确定合同价格、实施工程结算的主要依据。

1.6 钻井工程概算定额

1.6.1 概算定额概念

概算定额是在一定的生产组织方式和生产条件下，在某一个油气区范围内实施一口标准井钻井工程的总体工程量消耗标准。标准井是代表本油气区现有钻井生产力水平的一种样板井，表明在一个区块或油气藏正常钻井施工条件下一口井的工程消耗。基于标准井的概算定额是按照工程量清单计算规则，建立某一个油气区一口标准井的全部工程量数量标准。

1.6.2 概算定额主要作用

概算定额是一种综合性消耗定额，是编制概算指标的基础。概算定额是建设单位编制钻井工程初设概算、设计预算、招标标底和确定合同价格、实施工程结算的主要依据，是施工单位编制钻井工程成本预算、投标报价和确定合同价格、实施工程结算的主要依据，也为建设单位和施工单位进行经济活动分析、制定考核指标提供了定量依据。

1.7 钻井工程概算指标

1.7.1 概算指标概念

概算指标是在某一个油气区中实施一口标准井的全部工程造价标准。概算指标包括基础数据和工程量清单计价两部分。基础数据表明了标准井的主要特征，包括以下23项内

容：建设单位、油气田、区块、目的层、井别、井型、井身结构、井深、垂直井深、造斜点、水平位移、水平段长、压裂段数、钻井周期、完井周期、压裂周期、钻井设备、完井设备、压裂设备、税前单位造价、含税单位造价、税前单井造价、含税单井造价，可根据需要增减基础数据项目。工程量清单计价包括钻井工程费、工程建设其他费、预备费和贷款利息。

1.7.2 概算指标主要作用

概算指标是一种综合性计价指标，是编制估算指标的基础。概算指标是建设单位编制钻井工程初设概算、设计预算、招标标底和确定合同价格的主要依据，是施工单位编制钻井工程成本预算、投标报价和确定合同价格的主要依据，也是建设单位和施工单位实施标准井管理的基础。

标准井管理是根据近年来本油气区实际完成的典型井参数，按照标准化工程项目、标准化费用项目、标准化计价方法，合理确定工程消耗和造价，建立若干个标准化样板工程，用于科学投资决策和钻井生产组织。

概算指标主要作用体现在以下几个方面：

（1）概算指标将本油气区的定额类计价标准和指标类计价标准联系起来，形成一套完整的计价标准体系。

（2）概算指标非常直观地将本油气区一口标准井的主要钻井工程参数、工程量和工程造价显现出来，信息高度清晰透明，便于进行分析和投资决策。

（3）概算指标可以直接快速地用于建设单位优化编制油气勘探开发方案和安排年度钻井投资计划。

（4）概算指标用于建设单位优化钻井工程投资预算，根据标准井项目明细优化措施工作量，实施限额设计。

（5）概算指标用于建设单位和施工单位双方签订总包合同，概算指标中钻井工程费部分可以直接作为钻井总承包价格。

（6）概算指标用于建设单位和施工单位双方共同制订鼓励性钻井合同条款，可以根据标准井工程量清单和价格制订奖励与处罚措施，有利于形成公平有序竞争的良好局面。

（7）概算指标用于施工单位科学组织施工队伍，可以根据标准井工程量合理安排施工队伍，提高劳动生产率，降低钻井综合成本。

1.8 钻井工程估算指标

1.8.1 估算指标概念

估算指标是在某一个油气区中同一类井钻井工程综合平均造价标准。估算指标包括基础数据和工程量清单计价两部分。基础数据包括以下14项内容：建设单位、油气田、区块、目的层、井别、井型、井身结构、井深、钻井周期、完井周期、税前单位造价、含税单位造价、税前单井造价、含税单井造价，可根据需要增减基础数据项目。工程量清单计价包括钻井工程费、工程建设其他费、预备费、贷款利息。估算指标是在概算指标基础上进一步综合，比概算指标内容更粗。

1.8.2 估算指标主要作用

估算指标是编制参考指标的基础，是建设单位编制油气勘探开发项目可行性研究报告中钻井工程投资估算和钻井年度投资框架建议计划的主要依据。

1.9 钻井工程参考指标

1.9.1 参考指标概念

参考指标是某一个油气区的钻井工程综合平均投资标准。参考指标通常包括油气公司参考指标、建设单位参考指标、油气田参考指标等。参考指标按井别分为探井参考指标、评价井参考指标、开发井参考指标和综合参考指标。参考指标是在估算指标基础上进一步综合，比估算指标内容更粗。

1.9.2 参考指标主要作用

参考指标是建设单位编制油气勘探开发项目中长期规划中钻井工程投资和油气勘探开发项目预可行性研究报告（立项建议书）中钻井工程投资的主要依据。

1.10 钻井工程计价标准管理基本原则

1.10.1 科学、合理、客观、公正

钻井工程是一个大的系统工程，从钻前、钻进、测井、固井到完井等主要施工工艺，以及管具、定向、欠平衡、地层测试和压裂酸化等各种技术服务，是一条环环相扣的生产线。钻井工程计价标准必须采用科学有效的管理方法，能够真实代表目前本油气区钻井生产力实际水平，符合石油钻井行业发展规律，有利于建设单位提高投资效益，有利于施工单位提高作业能力和水平，促进双方共同可持续发展，实现互利双赢。具体体现在计价项目同油气区现有钻井生产组织方式和管理模式保持一致，数据采集和处理方法能够反映油气区钻井生产力实际水平。

1.10.2 全过程、标准化、动态调整

"全过程"就是建立满足决策阶段、设计阶段、准备阶段、施工阶段和竣工阶段全过程钻井工程管理需要的计价标准体系。"标准化"就是建立统一的钻井工程造价项目、计价标准项目和计价标准编制方法，为全过程信息化管理打下坚实基础。"动态调整"就是根据

每年油气勘探开发项目建设规模、钻井工程量结构、新工艺新技术、各种价格等变化情况，及时调整各种计价标准，从而科学合理确定工程造价和有效控制工程造价。

1.10.3 保持计价标准总体水平先进性

钻井工程计价标准管理的目的是为了促进生产效率的提高，实现单位钻井投资和成本最小化，保证总体经济效益最大化，因此必须坚持钻井工程计价标准总体水平要具有先进性。具体体现在通过优化生产组织方式、工艺技术措施、材料消耗等方式方法，钻井工程计价标准测算出的总体费用水平比近几年的实际总体费用水平有所降低。

2 建设单位钻井工程计价标准管理方法

2.1 钻井工程计价标准编制流程

钻井工程计价标准编制工作总体上包括钻井生产力水平分析、预算定额编制、工程建设其他定额编制、概算定额编制、概算指标编制、估算指标编制、参考指标编制、计价标准水平分析、编辑成册等内容。建设单位钻井工程计价标准编制基本流程如图2-1所示，钻井工程计价标准编辑成册的示例参见案例A。钻井工程计价标准编制过程中需要多次反复优化调整相关工程量和综合单价，以保证项目设置科学、定额数值合理、总体水平先进、定额使用方便。

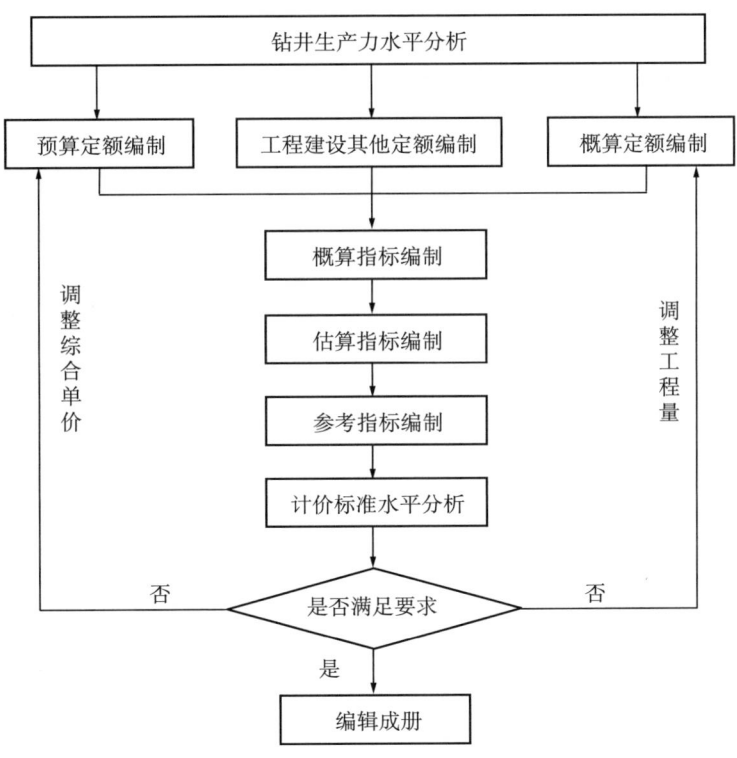

图2-1 建设单位钻井工程计价标准编制基本流程

2.2 钻井生产力水平分析方法

2.2.1 钻井主要参数采集

采集近2～5年本油气区实际完工并完成决算的单井井号、建设单位、油气田、区块、井别、井型、井身结构、完井方式、井深、开钻时间、完井时间、钻井周期、完井周期、建井周期、钻井投资、完井投资、决算投资17项主要参数（示例见表2-1）。可以根据实际需要补充相关参数，如完钻时间、搬迁周期等。

2.2.2 钻井生产力水平分析

按建设单位分别分析历年来平均工程量和近2～5年的平均工程量指标（参见表2-2）。按建设单位分别分析平均单井投资和单位进尺投资等指标（参见表2-3）。还可以按区块、井别、井型、井身结构分别详细分析工程量水平、投资水平（表格模式同表2-2和表2-3）。

2.3 钻井工程预算定额编制方法

按照钻井工程造价项目分级标准，钻井工程预算定额由钻前工程预算定额、钻进工程预算定额、完井工程预算定额组成。预算定额基本表现形式见案例A。

预算定额分为分项工程综合单价、队伍施工综合单价、主要材料综合单价、材料运输综合单价、其他作业综合单价5种类型。由于各油气区具体钻井工程项目管理差异性较大，钻井工程预算定额涉及内容复杂，因而需要根据各油气区钻井工程生产条件和生产组织方式等具体情况进行确定。总体上可以分为5种编制方法。

2.3.1 采用政府部门发布的价格或计价标准

钻井工程预算定额项目中有政府定价或相关计价标准的，可直接采用。

2.3.2 采用或参考套用相关行业、地区或企业的定额

本油气区目前相关行业、所属地区、本企业在用的定额，若认为可行，可以直接采用或稍微调整后使用。例如，在钻前工程中，要实施进井场道路、井位、线路、水源的勘定和测量以及工程地质勘查和设计等工作，此部分工程可套用相关行业或地区定额和计价标准，如某油田地质勘查预算定额套用《××省地质勘查预算标准》（××财建〔2019〕77号文），示例见表2-4。又如，某油田直接采用现行企业预算定额确定为新编制的钻井工程运输预算定额，部分内容见表2-5。

2 建设单位钻井工程计价标准管理方法

表 2-1 ××××—×××× 年钻井主要参数统计

序号	建设单位	油气田	区块	井别	井型	井身结构	完井方式	井深(m)	开钻时间	完井时间	钻井周期(d)	完井周期(d)	建井周期(d)	钻井投资(万元)	完井投资(万元)	决算投资(万元)	备注
1	×××	×××	×××	×××	定向井	二开	射孔	2463.00	2015-3-1	2015-3-28	24.00	3.50	30.00	392.31	145.97	538.28	
2	C36-68	×××	×××	×××	定向井	二开	裸眼	2380.00	2015-4-2	2015-4-29	24.00	4.00	31.00	371.67	45.44	417.11	
……																	
	合计							×××			×××	×××	×××	×××	×××	×××	

注：第1行井号为 C42-67。

填表说明：
(1) 井号为建设单位统计年度内的钻井井号，在油气田、区块、井别、井型、井身结构相同的条件下，按开钻时间由前到后排序。
(2) 建设单位指油气勘探开发项目所属的投资主体。
(3) 油气田指建设单位下属的油气田。
(4) 区块指油气田下属的区块。
(5) 井别分为探井、评价井和开发井。
(6) 井型分为直井、定向井、水平井、大位移井、分支井（多底井）。
(7) 井身结构指一口井下入的套管层次和每层套管的深度以及套管和井眼尺寸的配合，又称套管程序，通常分二开、三开、四开……
(8) 完井方式包括裸眼、射孔、筛管、砾石充填等。
(9) 井深指已完钻井的总深度。
(10) 开钻时间指第一只钻头下过钻机转盘面开始钻进的时间，按年-月-日填写。
(11) 完井时间指钻井工程全部建设完成的时间，按年-月-日填写。
(12) 钻井周期指从第一次开钻至完成钻井工程设计规定工作为止的全部工作时间。
(13) 完井周期指从第一次完井作业开始至完成工程设计规定工作为止的全部工作时间。
(14) 建井周期指从第一台钻井设备搬迁开始到完成全部建井和钻井工程的全部工作时间。
(15) 钻井投资指建设单位实际用于钻井工程前完井工程的全部工程建设投资。
(16) 完井投资指建设单位实际用于完井工程的全部工程建设投资。
(17) 决算投资指建设单位完成一口井的全部建井工程完工决算的全部建设投资。
(18) 合计指对井深、钻井周期、完井周期、建井周期、钻井投资、完井投资、决算投资等分别进行累加。

表 2-2 ××××—×××× 年钻井工程量水平分析

序号	建设单位	总井数（口）	总进尺（m）	钻井总周期（d）	完井总周期（d）	建井总周期（d）	年均井数（口）	年均进尺（m）	年均建井周期（d）	平均井深（m）	平均钻井周期（d）	平均完井周期（d）	平均建井周期（d）	备注
1	采油二厂	48	85731	708	144	852	16	28577	284	1786	14.75	3.00	17.75	
2	采油五厂	127	221375	1355	381	1736	42	73792	579	1743	10.66	3.00	13.66	
……														
合计		×××	×××	×××	×××	×××	×××	×××	×××	×××	×××	×××	×××	

填表说明：
(1) 总井数、总进尺、钻井总周期、完井总周期、建井总周期来自表 2-1 中合计数值。
(2) 年均井数 = 总井数 ÷ 年数。
(3) 年均进尺 = 总进尺 ÷ 年数。
(4) 年均建井周期 = 建井总周期 ÷ 年数。
(5) 平均井深 = 总进尺 ÷ 总井数。
(6) 平均钻井周期 = 钻井总周期 ÷ 总井数。
(7) 平均完井周期 = 完井总周期 ÷ 总井数。
(8) 平均建井周期 = 建井总周期 ÷ 总井数。

2　建设单位钻井工程计价标准管理方法

表2-3　××××—××××年钻井投资水平分析

序号	建设单位	总井数（口）	总进尺（m）	钻井总投资（万元）	完井总投资（万元）	决算总投资（万元）	年均投资（万元）	平均单井钻井投资（万元）	平均单井完井投资（万元）	平均单井决算投资（万元）	单位进尺钻井投资（元/m）	单位进尺完井投资（元/m）	单位进尺决算投资（元/m）	备注
1	采油二厂	48	85731	23106.91	5072.25	28179.16	9393.05	481.39	105.67	587.07	2695.28	591.65	3286.93	
2	采油五厂	127	221375	43114.49	9464.16	52578.65	17526.22	339.48	74.52	414.01	1947.58	427.52	2375.09	
……														
合计		×××	×××	×××	×××	×××	×××	×××	×××	×××	×××	×××	×××	

填表说明：
(1) 总井数、总进尺、钻井总投资、完井总投资、决算总投资来自表2-1中合计数值。
(2) 年均投资＝决算总投资÷年数。
(3) 平均单井钻井投资＝钻井总投资÷总井数。
(4) 平均单井完井投资＝完井总投资÷总井数。
(5) 平均单井决算投资＝决算总投资÷总井数。
(6) 单位进尺钻井投资＝钻井总投资×10000÷总进尺。
(7) 单位进尺完井投资＝完井总投资×10000÷总进尺。
(8) 单位进尺决算投资＝决算总投资×10000÷总进尺。

表 2-4 地质勘查预算定额

序号	定额编号	钻探深度(m)	计量单位	地层分类							
				Ⅰ	Ⅱ	Ⅲ	Ⅳ	Ⅴ	Ⅵ	Ⅶ	Ⅷ
1	XX-YSDE2019-G10102-001	0~10	元/m	68	88	129	217	327	440	561	682
2	XX-YSDE2019-G10102-002	10~20	元/m	78	101	148	250	376	506	645	784
3	XX-YSDE2019-G10102-003	20~30	元/m	94	121	178	299	451	607	774	941
4	XX-YSDE2019-G10102-004	30~40	元/m	122	158	231	389	587	789	1006	1224
5	XX-YSDE2019-G10102-005	40~50	元/m	159	205	301	506	763	1026	1308	1591
6	XX-YSDE2019-G10102-006	50~75	元/m	206	267	391	658	991	1334	1701	2068
7	XX-YSDE2019-G10102-007	75~100	元/m	268	347	508	855	1289	1734	2211	2688

表 2-5 运输预算定额

序号	定额编号	车辆类型	规格型号	计量单位	综合单价	备注
1	XX-YSDE2019-G20103-001	卡车	30t	元/(t·km)	0.50	平原
2	XX-YSDE2019-G20103-002	卡车	30t	元/(t·km)	0.65	山区
3	XX-YSDE2019-G20103-003	泵车	700型	元/(车·km)	6.00	平原
4	XX-YSDE2019-G20103-004	泵车	1000型	元/(车·km)	7.80	山区
5	XX-YSDE2019-G20103-005	值班车	17座	元/d	1440	平原
6	XX-YSDE2019-G20103-006	值班车	25座	元/d	1872	山区

直接采用或参考套用企业定额需要注意以下三个方面的问题。

(1) 注意综合单价包含费用内容是否完全。综合单价是完成一个规定计量单位的分部分项工程量清单项目所需要的人工费、设备费、材料费、其他直接费、企业管理费、工程风险费、利润的总和，而许多企业定额往往是直接费性质的费用，常常不包括企业管理费、工程风险费、利润等内容。

(2) 注意企业定额是否与工程量清单项目相对应。比如井位测量项目，企业定额是按口井计价的，而工程量清单项目是按井次计价的，并且通常一口井需要测量两次井位，若直接套用企业定额，就会产生偏差。

(3) 注意企业定额的适用范围。目前大部分企业定额是根据所在油气田的历史工况条件编制的，目前工作情况可能发生较大变化，相应的人工、材料价格以及消耗可能有所不同，需要进行相应调整。

2.3.3 采用合同价格或结算价格

对于某些工艺技术服务或材料，没有更多的相关资料可以参考时，可直接采用现行合同价格或结算价格作为预算定额。例如，根据《×××油田2018年定向技术服务合同》确定的定向服务预算定额，见表2-6。

表2-6 定向服务预算定额

序号	定额编号	队型	仪器	计量单位	综合单价
1	XX-YSDE2019-G20204-001	MWD	国产	元/d	12723
2	XX-YSDE2019-G20204-002	MWD	进口常温	元/d	17660
3	XX-YSDE2019-G20204-003	MWD	进口高温	元/d	29652
4	XX-YSDE2019-G20204-004	MWD+r	国产	元/d	13657
5	XX-YSDE2019-G20204-005	MWD+r	进口	元/d	23861
6	XX-YSDE2019-G20204-006	EMWD	进口	元/d	25956
7	XX-YSDE2019-G20204-007	LWD	国产2参数	元/d	30375
8	XX-YSDE2019-G20204-008	LWD	进口2参数	元/d	36644
9	XX-YSDE2019-G20204-009	LWD	进口4参数	元/d	56209

2.3.4 采用成本加成法

对于由相关协议约定的技术服务或材料，可采用成本加利润的成本加成法编制预算定额。例如，根据本油气区钻井工程实际消耗主要材料类型，采用上一年的全年平均价格、年底价格或有关协议价格，确定各类主要材料基础价格，加上仓储保管费和利润，计算得出综合单价，计算方法为：综合单价 = 基础价格 × （1+ 物资采购保管费率）× （1+ 利润率）。表2-7给出了套管预算定额示例。

表2-7 套管预算定额

序号	定额编号	外径(mm)	壁厚(mm)	钢级	扣型	产地	单位重量(kg/m)	计量单位	基础价格	物资采购保管费率(%)	利润率(%)	综合单价
1	XX-YSDE2019-G2030201-001	508.0	12.70	J55	短圆	天津	158.49	元/t	10400	8	0	11232
2	XX-YSDE2019-G2030201-002	339.7	12.19	P110	梯形	上海	101.19	元/t	7800	8	0	8424
3	XX-YSDE2019-G2030201-003	139.7	9.17	P110	梯形	美国	29.76	元/t	16600	8	0	17928

2.3.5 采用费用项目法

对于本企业内部或由相关协议约定的钻井专业服务，可采用费用项目法编制综合单价。钻井施工预算定额计算方法示例见表2-8。详细示例参见"3.6.5 采用费用项目法"。

表 2-8　钻井施工预算定额计算方法

序号	项目	计量单位	计算方法
	综合单价	元/d	= 直接费 + 间接费 + 利润
1	直接费	元/d	= 人工费 + 设备费 + 材料费 + 其他直接费
1.1	人工费	元/d	= 队年人工费（元）÷ 队年有效工作时间（d）
1.2	设备费	元/d	= 折旧（元/d）+ 修理费（元/d）
1.2.1	折旧	元/d	= 年折旧（元）÷ 队年有效工作时间（d）或 = 资产原值（元）×（1− 残值率（%））× 折旧率（%）÷ 队年有效工作时间（d）
1.2.2	修理费	元/d	= 年修理费（元）÷ 队年有效工作时间（d）或 = 资产原值（元）× 修理费率（%）÷ 队年有效工作时间（d）
1.3	材料费	元/d	= 柴油费 + 机油费 + 生活水费 + 其他材料费
1.3.1	柴油费	元/d	= 消耗定额（t/d）× 价格（元/t）
1.3.2	机油费	元/d	= 消耗定额（t/d）× 价格（元/t）
1.3.3	生活水费	元/d	= 消耗定额（m³/d）× 价格（元/m³）
1.3.4	其他材料费	元/d	= 同类钻机年平均其他材料费（元）÷ 年平均工作时间（d）
1.4	其他直接费	元/d	= 同类钻机年平均其他直接费（元）÷ 年平均工作时间（d）
2	间接费	元/d	= 企业管理费 + 工程风险费
2.1	企业管理费	元/d	= 直接费 × 费率（%）
2.2	工程风险费	元/d	= 直接费 × 费率（%）
3	利润	元/d	=（直接费 + 间接费）× 费率（%）

2.3.6　预算定额编号编制方法

预算定额编制完成后，要对预算定额进行统一编号。预算定额编号采用"公司简称 + 预算定额 + 年份 + 清单项目编码 + 顺序号"的方式编制而成，公司简称和预算定额采用汉语拼音首写字母。例如，大庆油田有限责任公司 2019 年编制的井场工程预算定额编号为 DQ-YSDE2019-G103-001。

2.4　工程建设其他定额编制方法

工程建设其他定额包括建设管理定额、工程设计定额、用地定额、环保管理定额、工程保险定额、预备费定额、贷款利息定额、增值税定额。工程建设其他定额基本表现形式见案例 A。

由于各油气区具体钻井工程项目管理差异性较大，需要根据各油气区钻井工程生产条件和生产组织方式等具体情况确定工程建设其他定额。总体上可以分为 4 种编制方法。

2.4.1 采用政府部门发布的价格或标准

工程建设其他定额项目中有政府定价或相关计价标准的,可直接采用。如用地定额、增值税定额的编制属于此种情况。表2-9给出了某地政府发布的长期用地统一年产值、补偿标准,由此测算出长期用地定额。

表2-9 长期用地定额测算示例

序号	年产值区域范围	地类	统一年产值 (元/ha)	补偿标准 (元/ha)	长期用地定额 (元/m²)
1	×××镇(×××村、×××村、×××村、×××村);×××街道;×××街道	水浇地	85930	1890460	189.05
2		旱地	68744	1512368	151.24
3	×××区×××村、×××村、×××村;×××街道;×××街道	水浇地	53177	1169894	116.99
4		旱地	42542	935924	93.59
5	×××镇(×××村、×××村);×××乡(×××村、×××村、×××村);×××乡(×××村、×××村、×××村)	水浇地	52200	835200	83.52
6		旱地	41760	668160	66.82

2.4.2 采用或参考套用相关行业、地区或企业的定额

本油气区目前相关行业、所属地区、本企业在用的定额,若认为可行,可以直接采用或稍微调整后使用。如建设单位管理费定额可参考企业财务部门相关规定或定额编制,工程保险定额采用保险行业相关规定和要求编制。

2.4.3 采用合同价格或结算价格

对于某些管理、设计服务,可直接采用现行合同价格或结算价格作为工程建设其他定额。如钻井工程监督和工程设计定额可以采用此种方法编制。

2.4.4 采用成本加成法

对于由相关协议约定的管理、设计服务,可采用成本加利润的成本加成法编制工程建设其他定额。如由相关协议约定的钻井工程设计定额可以采用此种方法编制。

2.4.5 工程建设其他定额编号编制方法

工程建设其他定额编制完成后,要对工程建设其他定额进行统一编号。工程建设其他定额编号采用"公司简称+其他定额+年份+清单项目编码+顺序号"的方式编制而成,公司简称和其他定额采用汉语拼音首写字母。例如,大庆油田有限责任公司2019年编制的钻井工程监督定额编号为DQ-QTDE2019-Q102-001。

2.5 钻井工程概算定额编制方法

概算定额是在一定的生产组织方式和生产条件下，在某一个油气区范围内实施一口标准井钻井工程的总体工程量消耗标准。概算定额基本表现形式见案例A。

概算定额采用本油气区近2～5年各区块典型井工程参数，按照一定的统计分析方法，测算得出一口标准井钻井工程的工时、材料等工程量消耗标准；或者按照标准井钻井工程设计参数，测算得出一口标准井钻井工程的工时、材料等工程量消耗标准。

2.5.1 典型井筛选方法

典型井是在一个区块正常钻井施工条件下具有一定代表性的已经实际完成工程施工的一口井。采用钻井生产力水平分析中的相关统计参数，按建设单位、油气田、区块、井别、井型、井身结构，将近2～5年已完成井分成若干样本组。对于每个样本组选出1～3口典型井。典型井筛选方法总体上分工时参数筛选法和综合参数筛选法。

2.5.1.1 工时参数筛选法

工时参数筛选法主要是考虑钻井工程学习曲线的影响，按开钻时间先后做出单位进尺工时趋势线，选择具有代表性的典型井。

2.5.1.1.1 绘制单位进尺工时趋势线

单位进尺工时计算方法为：

单位进尺工时（h/m）=［钻井周期（d）×24（h/d）］÷井深（m）

测算每口井单位进尺工时，以井别、油气田、区块、井型、井身结构、井深区间为前提，做出单位进尺工时变化趋势图，并且给出趋势线。下面举例说明。

选取样本组的前提条件：井别为开发井；油气田为GS油田；区块为G18、G246、G3618；井型为定向井；井身结构为二开井；井深区间为1700～2000m。

2013—2015年钻井30口，按开钻时间进行排序，并计算出平均井深、平均钻井周期、平均单位进尺工时（表2-10），做出单位进尺工时变化趋势图和趋势线（图2-2）。

表2-10 GS油田开钻顺序和单位进尺工时

开钻顺序	开钻时间	井号	井深（m）	钻井周期（d）	单位进尺工时（h/m）
1	2013-09-29	G3-61-0172	1776	24	0.3243
2	2013-09-30	G3-61-150	1792	27	0.3616
3	2013-10-02	G3-52-160	1732	26	0.3603
4	2013-10-19	G3-62-180	1886	20	0.2545
5	2013-10-23	G3-61-0160	1826	19	0.2497
6	2013-10-27	G3-62-161	1906	21	0.2644

续表

开钻顺序	开钻时间	井号	井深（m）	钻井周期（d）	单位进尺工时（h/m）
7	2013-10-29	G3-62-157	1816	22	0.2907
8	2013-10-31	G3-61-166	1774	18	0.2435
9	2013-11-05	G3-62-183	1872	21	0.2692
10	2013-11-11	G3-7-K15	1818	18	0.2376
11	2013-11-21	G3-62-160	1864	19	0.2446
12	2013-11-28	G3-62-188	1868	23	0.2955
13	2013-12-24	G3-61-156	1792	19	0.2545
14	2014-07-23	G3-52-150	1736	21	0.2903
15	2014-12-31	G2-2-026	1750	18	0.2469
16	2014-12-31	G2-4-041	1738	26	0.3590
17	2015-01-20	G2-4-026	1745	19	0.2613
18	2015-01-29	G2-3-016	1766	42	0.5708
19	2015-04-04	G2-04-82	1737	33	0.4560
20	2015-04-10	G2-14-75	1752	24	0.3288
21	2015-05-03	G2-04-81	1740	18	0.2483
22	2015-05-05	G2-6-075	1792	17	0.2277
23	2015-05-07	G2-14-82	1700	15	0.2118
24	2015-05-21	G2-14-81	1740	15	0.2069
25	2015-05-27	G2-5-031	1775	13	0.1758
26	2015-05-30	G2-15-65	1810	18	0.2387
27	2015-06-06	G2-04-75	1721	14	0.1952
28	2015-06-22	G2-4-036	1748	17	0.2334
29	2015-06-22	G2-观2	1792	16	0.2143
30	2015-07-08	G2-14-72	1736	17	0.2350
	平均		1783.33	20.67	0.2781

2.5.1.1.2 选择典型井

综合考虑三个方面因素：一是典型井的单位进尺工时最好是在趋势线上，或者是最接近趋势线；二是典型井的单位进尺工时在平均单位进尺工时附近；三是典型井的完井方式代表大多数井的完井方式。按上述条件和要求，若选择 1 口典型井，则选择排序第 17 的

G2-4-026井。若选择3口典型井，除了G2-4-026井外，还可以选择排序第15的G2-2-026井、排序第21的G2-04-81井。

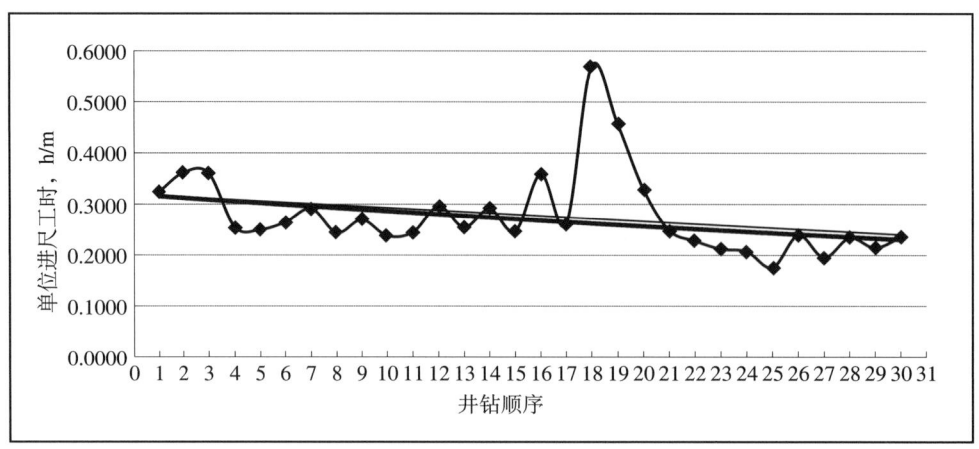

图2-2　GS油田单位进尺工时变化趋势

2.5.1.2　综合参数筛选法

综合参数筛选法主要是综合考虑所选择的典型井与平均完钻井深、平均钻井周期、平均单位投资的差值在相对比较合适的范围之内（示例见表2-11）。按单井钻井井深与平均完钻井深的差值最小原则分析，依次选择F26-22、F27-29、F26-26、F25-25、F26-24、F25-27六口井作为典型井比较合适；按单井钻井周期与平均钻井周期的差值最短原则分析，依次选择F27-32、F25-25、F27-22、F26-26、F26-24、F27-29六口井作为典型井比较合适；按单井钻井投资与平均单位投资的差值最小原则分析，依次选择F26-24、F26-26、F25-27、F27-29四口井作为典型井比较合适。若只选择1口井，则F26-26井作为典型井比较合适；若可以选择2口井，则F26-26、F26-24两口井作为典型井比较合适；若可以选择3口井，则F26-26、F26-24、F27-29作为典型井比较合适。

2.5.2　标准井工程量清单编制方法

2.5.2.1　标准井确定方法

按典型井筛选方法确定出典型井后，对于每组典型井确定一口标准井。标准井井号采用"公司简称+井别+标准+序号"的方式编制而成，公司简称、井别和标准采用汉语拼音首写字母。如中国石油天然气股份有限公司辽河油田分公司（以下简称辽河油田公司）用于油气勘探的标准井井号为LH-KT-BZ-001、LH-KT-BZ-002；辽河油田公司用于油气评价的标准井井号为LH-PJ-BZ-001、LH-PJ-BZ-002；辽河油田公司用于油气开发的标准井井号为LH-KF-BZ-001、LH-KF-BZ-002。标准井与典型井对应的建设单位、油气田、井型、井身结构、总井数、总进尺示例见表2-12。

表2-11 典型井选井示例

序号	井号	建设单位	区块	井别	井型	井身结构	开钻时间	完井方式	完钻井深(m)	钻井周期(d)	单位投资(元/m)	井深差(m)	周期差(d)	投资差(元/m)
1	F24-26	采油一厂	LJF	开发井	定向井	三开	2013-12-12	射孔	3900	49.96	3480.24	190	4.39	-352.58
2	F27-22	采油一厂	LJF	开发井	定向井	三开	2014-8-27	射孔	3480	42.60	4438.09	-230	-2.97	605.27
3	F27-32	采油一厂	LJF	开发井	定向井	三开	2014-10-22	射孔	3476	45.50	3501.32	-234	-0.07	-331.50
4	F27-29	采油一厂	LJF	开发井	定向井	三开	2014-10-23	射孔	3750	41.40	4054.71	40	-4.17	221.89
5	F26-22	采油一厂	LJF	开发井	定向井	三开	2014-11-9	射孔	3700	53.40	4387.27	-10	7.83	554.45
6	F25-27	采油一厂	LJF	开发井	定向井	三开	2014-12-7	射孔	3786	50.42	3624.85	76	4.85	-207.97
7	F26-26	采油一厂	LJF	开发井	定向井	三开	2014-12-12	射孔	3754	42.17	3625.18	44	-3.40	-207.64
8	F26-24	采油一厂	LJF	开发井	定向井	三开	2015-1-17	射孔	3780	41.50	3960.77	70	-4.07	127.95
9	F25-25	采油一厂	LJF	开发井	定向井	三开	2015-1-29	射孔	3762	43.21	3466.16	52	-2.36	-366.66
平均									3710	45.57	3832.82			

表2-12 标准井与典型井对应关系示例

标准井井号	建设单位	油气田	典型井井号	井型	井身结构	总井数（口）	总进尺（m）
LH-KF-BZ-001	××	××	M20-18-22、M20-20-22、M20-12-18	定向井	二开	11	24667.00
LH-KF-BZ-002			MG-H101、MG6-6-14、MG12-8-8	定向井	四开	19	92869.00
LH-KF-BZ-003			XG7-H230、XG7-10-20、XG7-10-24	定向井	四开	6	28001.00
LH-KF-BZ-004			XG7-H234、XG-ZH102、XG7-H233	水平井	四开	20	100344.63
LH-KF-BZ-005		××	Q37-62-32、Q37-73-30、Q37-72-30	定向井	二开	7	20953.00
LH-KF-BZ-006		××	S23-24、S20-037、S20-38	定向井	二开	6	16019.00
LH-KF-BZ-007		××	B35-26、B33-21、B36-20	定向井	三开	6	15511.05
LH-KF-BZ-008			BT-H22、BT-H211、BT-H207	水平井	三开	10	25901.22
LH-KF-BZ-009		××	A1-H2、A1-H3、A1-H5	水平井	三开	5	17936.00
LH-KF-BZ-010		××	S630-H1220、S630-H1521、S630-H921	水平井	三开	9	40021.87
LH-KF-BZ-011			S601-H305、S601-H509、S601-H711	水平井	三开	9	35966.53
LH-KF-BZ-012		××	R19-64、R21-61、R19-50	定向井	二开	7	21676.00

2.5.2.2 标准井参数确定方法

标准井参数包括综合参数、钻前工程参数、钻进工程参数、完井工程参数、工程建设其他项目参数。若只选择1口典型井作为标准井，直接套用该典型井参数进行标准井参数设计；若选择3口典型井确定1口标准井，则选择最有代表性的1口典型井参数为基础，需要调整的参数采用3口井数值加权平均法确定。主要依据有钻井设计、完井（试油）设计、钻井井史、完井（试油）总结、专项技术报告、本企业有关技术规定和标准。

2.5.2.3 标准井工程量清单编制方法

基于已确定的标准井参数，依次编制钻前工程、钻进工程、完井工程、工程建设其他项目的整个钻井工程工程量清单中相应数量，建立钻井工程概算定额。

编制标准井钻井工程工程量清单时，按钻井工程工程量项目和计算规则要求，以规定计量单位工程为基础编制工程量清单中各项工程量。若认为有钻井工程的子项目未包含在已设立的钻井工程项目，可放在相应的单位工程或分部工程下面，并补充相关内容。若认为现有工程量清单有必要细分，还可以进一步细化。若有特殊钻井工程项目未包含在已设立钻井工程项目中，可放在其他作业下面，按同样规则确定。

2.5.3 概算定额编号编制方法

概算定额编制完成后，要对概算定额进行统一编号。概算定额编号采用"公司简称+

井别+标准井+年份+序号"的方式编制而成，公司简称、井别和标准井采用汉语拼音首写字母。例如，辽河油田公司2019年用于油气勘探的标准井概算定额编号为LH–KT–BZJ2019001，辽河油田公司2019年用于油气评价的标准井概算定额编号为LH–PJ–BZJ2019001，辽河油田公司2019年用于油气开发的标准井概算定额编号为LH–KF–BZJ2019001。

2.6 钻井工程概算指标编制方法

概算指标由指标编号、基础数据和工程量清单计价三部分组成。基础数据表明了标准井的主要特征，包括建设单位、油气田、区块、目的层、井别、井型、井身结构、井深、垂直井深、造斜点、水平位移、水平段长、压裂段数、钻井周期、完井周期、压裂周期、钻井设备、完井设备、压裂设备、税前单位造价、含税单位造价、税前单井造价、含税单井造价23项内容，可根据需要增减基础数据项目。工程量清单计价包括钻井工程费、工程建设其他费、预备费和贷款利息。概算指标基本表现形式见案例A。

2.6.1 基础数据编制方法

工程参数直接采用标准井概算定额中的基础数据确定。
单井造价 = 钻井工程费 + 工程建设其他费 + 预备费 + 贷款利息。
单位造价 = （钻井工程费 + 工程建设其他费 + 预备费 + 贷款利息）÷ 井深。
税前指未计算增值税，含税指已计算增值税。

2.6.2 工程量清单计价编制方法

工程量清单计价按下述方法测算得出：
（1）钻井工程费 = 钻前工程费 + 钻进工程费 + 完井工程费。
钻前工程费 = 勘测工程费 + 道路工程费 + 井场工程费 + 动迁工程费 + 供水工程费 + 供电工程费 + 其他作业费；
钻进工程费 = 钻井作业费 + 钻井服务费 + 固井作业费 + 测井作业费 + 录井作业费 + 其他作业费；
完井工程费 = 完井准备费 + 完井作业费 + 录井作业费 + 测井作业费 + 射孔作业费 + 测试作业费 + 压裂作业费 + 酸化作业费 + 其他作业费。
（2）工程建设其他费 = 建设管理费 + 工程设计费 + 用地费 + 环保管理费 + 工程保险费。
（3）预备费 = 基本预备费 + 价差预备费。
（4）贷款利息 = （钻井工程费 + 工程建设其他费 + 预备费）× 贷款比例 × 贷款利率。
（5）规定计量单位工程费 = 工程量 × 综合单价。
概算指标中钻井工程量采用概算定额中工程量定额确定。概算指标中钻井工程综合单价采用预算定额和工程建设其他定额中综合单价确定。增值税税率根据国家和当地政府有关规定，由工程建设其他定额中的增值税定额确定。税金采用税前合价乘以增值税税率确

定。采用各个分部分项工程含税合价除以含税单井造价计算各个分部分项工程造价占单井造价的比例。

2.6.3 概算指标编号编制方法

概算指标编制完成后，要对概算指标进行统一编号。概算指标编号采用"公司简称＋井别＋钻井指标＋年份＋顺序号"的方式编制而成，公司简称、井别和钻井指标采用汉语拼音首写字母。例如，大庆油田有限责任公司 2019 年用于油气勘探的探井概算指标编号为 DQ–KT–ZJZB2019001，大庆油田有限责任公司 2019 年用于油气评价的评价井概算指标编号为 DQ–PJ–ZJZB2019001，大庆油田有限责任公司 2019 年用于油气开发的开发井概算指标编号为 DQ–KF–ZJZB2019001。

2.7 钻井工程估算指标编制方法

估算指标由指标编号、基础数据和工程量清单计价三部分组成。基础数据包括建设单位、油气田、区块、目的层、井别、井型、井身结构、井深、钻井周期、完井周期、税前单位造价、含税单位造价、税前单井造价、含税单井造价 14 项内容，可根据需要增减基础数据项目。工程量清单计价包括钻井工程费、工程建设其他费、预备费和贷款利息。估算指标基本表现形式见案例 A。

2.7.1 基础数据编制方法

按建设单位、油气田、区块、目的层、井别、井型、井身结构将标准井对应的概算指标进行归类，基础数据直接套用概算指标中相对应的项目内容，井深、钻井周期、完井周期、税前单位造价、含税单位造价、税前单井造价、含税单井造价等参数采用标准井对应的工程量加权平均确定。

2.7.2 工程量清单计价编制方法

工程量清单计价相关参数采用标准井对应的工程量加权平均测算得出。钻井工程工程量计量方法基本上分为 4 种：一是以"口"为单位，工程量计为 1；二是以时间"d"为单位，钻井周期计为 $T1$，完井周期计为 $T2$；三是以井深"m"为单位，钻井总井深计为 H；四是以"%"为单位，以某些项目费用为基数按百分比计取。采用概算指标中的合价除以钻井周期 $T1$、完井周期 $T2$ 或总井深 H，测算得出相关分部分项工程项目综合单价。

2.7.3 估算指标编号编制方法

估算指标编制完成后，要对估算指标进行统一编号。估算指标编号采用"公司简称＋井别＋估算指标＋年份＋顺序号"的方式编制而成，公司简称、井别和估算指标采用汉语拼音首写字母。例如，大庆油田有限责任公司 2019 年用于油气勘探的探井估算指标编号为 DQ–KT–GSZB2019001，大庆油田有限责任公司 2019 年用于油气评价的评价井估算指标编号为 DQ-PJ-GSZB2019001，大庆油田有限责任公司 2019 年用于油气开发的开发井估算指标编号为 DQ-KF-GSZB2019001。

2.8 钻井工程参考指标编制方法

参考指标由指标编号、探井参考指标、评价井参考指标、开发井参考指标和综合参考指标组成。参考指标基本表现形式见案例 A。

2.8.1 探井参考指标编制方法

采用探井估算指标中的单位造价乘以对应的全部进尺工程量，得出钻井总造价。将每个油气田的钻井总造价除以总进尺，得到油气田探井参考指标。将每个建设单位的钻井总造价除以总进尺，得到建设单位探井参考指标。将油气公司的钻井总造价除以总进尺，得到油气公司探井参考指标。

2.8.2 评价井参考指标编制方法

采用评价井估算指标中的单位造价乘以对应的全部进尺工程量，得出钻井总造价。将每个油气田的钻井总造价除以总进尺，得到油气田评价井参考指标。将每个建设单位的钻井总造价除以总进尺，得到建设单位评价井参考指标。将油气公司的钻井总造价除以总进尺，得到油气公司评价井参考指标。

2.8.3 开发井参考指标编制方法

采用开发井估算指标中的单位造价乘以对应的全部进尺工程量，得出钻井总造价。将每个油气田的钻井总造价除以总进尺，得到油气田开发井参考指标。将每个建设单位的钻井总造价除以总进尺，得到建设单位开发井参考指标。将油气公司的钻井总造价除以总进尺，得到油气公司开发井参考指标。

2.8.4 综合参考指标编制方法

将每个油气田的上述探井、评价井、开发井的井数、进尺、总造价进行综合，再用综合后的钻井总造价除以总进尺，得到油气田综合参考指标。将每个建设单位综合后的钻井总造价除以总进尺，得到建设单位综合参考指标。将油气公司综合后的钻井总造价除以总进尺，得到油气公司综合参考指标。

2.8.5 参考指标编号编制方法

参考指标编制完成后，要对参考指标进行统一编号。参考指标编号采用"公司简称+参考指标+年份+顺序号"的方式编制而成，公司简称和参考指标采用汉语拼音首写字母。例如，大庆油田有限责任公司 2019 年编制的钻井工程参考指标编号为 DQ-CKZB2019，大庆油田有限责任公司下属采油厂或油气田 2019 年钻井工程参考指标编号为

DQ-CKZB2019001、DQ-CKZB2019002。

2.9 钻井工程计价标准水平分析方法

计价标准水平分析包括标准井工程造价水平分析、油气田工程造价水平分析、建设单位工程造价水平分析、油气公司工程造价水平分析。

2.9.1 标准井工程造价水平分析

采用钻井生产力水平分析中的相关数据，统计出标准井所对应的全部完成井钻井决算总投资。采用概算指标中含税单井造价乘以对应的钻井井数，计算出标准井所对应的全部完成井总造价，计算增减额（=含税总造价－决算总投资）、幅度（%）（=增减额÷决算总投资×100%），测算出计价标准对应的标准井含税总造价与决算总投资对比的总体水平（示例见表2-13）。若决算总投资中未含增值税，可采用税前总造价进行标准井工程造价水平分析。

2.9.2 油气田工程造价水平分析

采用标准井工程造价水平分析中的相关数据，按井别、区块分别合计钻井井数、含税总造价、决算总投资，计算含税单井造价（=含税总造价÷钻井井数）、增减额（=含税总造价－决算总投资）、幅度（%）（=增减额÷决算总投资×100%），测算出计价标准对应的油气田工程总造价与实际决算总投资对比的总体水平（示例见表2-14）。若决算总投资中未含增值税，可采用税前总造价进行油气田工程造价水平分析。

2.9.3 建设单位工程造价水平分析

采用油气田工程造价水平分析中的相关数据，按井别分别合计钻井井数、含税总造价、决算总投资；按井别统计标准井未涵盖的钻井井数、决算总投资；再将两类井相加，得出全部工程量对应的钻井井数、含税总造价、决算总投资，计算增减额（=含税总造价－决算总投资）、幅度（%）（=增减额÷决算总投资×100%），测算出计价标准对应的建设单位工程总造价与实际决算总投资对比的总体水平（示例见表2-15）。若决算总投资中未含增值税，可采用税前总造价进行建设单位工程造价水平分析。

2.9.4 油气公司工程造价水平分析

在表2-15基础上，将各建设单位标准井涵盖工程量、标准井未涵盖工程量、全部工程量3种情况下的造价水平分析结果分别汇总，得出油气公司工程造价总水平分析结果（表格模式见表2-16）。若决算总投资中未含增值税，可采用税前总造价进行油气公司工程造价水平分析。

表 2-13 标准井工程造价水平分析

序号	标准井井号	概算指标编号	区块	井数（口）	含税单井造价（万元/口）	含税总造价（万元）	决算总投资（万元）	增减额（万元）	幅度（%）	备注
1	NR-KT-BZ-001	NR-KT-ZJZB2019001		7	361.70	2531.90	2501.91	29.99	1.20	
2	NR-KT-BZ-002	NR-KT-ZJZB2019002		6	327.70	1966.18	1921.71	44.47	2.31	未试油
3	NR-KT-BZ-003	NR-KT-ZJZB2019003		18	410.56	7390.03	7278.55	111.48	1.53	
……			AGD							
15	NR-PJ-BZ-001	NR-PJ-ZJZB2019001		10	358.64	3586.44	3230.04	356.40	11.03	
16	NR-PJ-BZ-002	NR-PJ-ZJZB2019002		2	281.36	562.72	619.16	-56.44	-9.12	未试油
17	NR-PJ-BZ-003	NR-PJ-ZJZB2019003		2	449.35	898.70	835.74	62.96	7.53	
……										
22	NR-KF-BZ-001	NR-KF-ZJZB2019001		10	284.93	2849.31	3280.41	-431.11	-13.14	
23	NR-KF-BZ-002	NR-KF-ZJZB2019002		3	380.47	1141.42	1247.09	-105.67	-8.47	
24	NR-KF-BZ-003	NR-KF-ZJZB2019003		13	356.89	4639.56	4038.50	601.07	14.88	
……										
合计				295	376.40	111038.30	112181.38	-1143.08	-1.02	

表2-14 油气田工程造价水平分析

序号	区块	井别	井数（口）	含税单井造价（万元/口）	含税总造价（万元）	决算总投资（万元）	增减额（万元）	幅度（%）	备注
1	AGD	探井	54	462.15	24956.34	25595.68	−639.34	−2.50	
2		评价井	18	386.83	6963.01	6401.85	561.16	8.77	
3		开发井	217	352.29	76447.90	77372.18	−924.28	−1.19	
4		综合	289	374.97	108367.25	109369.71	−1002.46	−0.92	
5	BIL	探井	6	445.18	2671.05	2811.67	−140.62	−5.00	
6		综合	6	445.18	2671.05	2811.67	−140.62	−5.00	
	合计		295	376.40	111038.30	112181.38	−1143.08	−1.02	

表2-15 建设单位工程造价水平分析

序号	测算范围	井别	井数（口）	含税单井造价（万元/口）	含税总造价（万元）	决算总投资（万元）	增减额（万元）	幅度（%）	备注
1	标准井涵盖工程量	探井	60	460.46	27627.39	28407.35	−779.96	−2.75	
2		评价井	18	386.83	6963.01	6401.85	561.16	8.77	
3		开发井	217	352.29	76447.90	77372.18	−924.28	−1.19	
4		综合	295	376.40	111038.30	112181.38	−1143.08	−1.02	
5	标准井未涵盖工程量	探井	8	525.07	4200.56	4200.56	0.00	0.00	
6		评价井	1	548.18	548.18	548.18	0.00	0.00	
7		开发井	5	371.47	1857.35	1857.35	0.00	0.00	
8		综合	14	471.86	6606.09	6606.09	0.00	0.00	

续表

序号	测算范围	井别	井数（口）	含税单井造价（万元/口）	含税总造价（万元）	决算总投资（万元）	增减额（万元）	幅度（%）	备注
9	全部工程量	探井	68	468.06	31827.95	32607.91	−779.96	−2.39	
10		评价井	19	395.33	7511.19	6950.04	561.15	8.07	
11		开发井	222	352.73	78305.25	79229.53	−924.28	−1.17	
12		综合	309	380.73	117644.39	118787.47	−1143.08	−0.96	

表 2-16 油气公司工程造价水平分析

序号	测算范围	井别	井数（口）	含税单井造价（万元/口）	含税总造价（万元）	决算总投资（万元）	增减额（万元）	幅度（%）	备注
1	标准井涵盖工程量	探井							
2		评价井							
3		开发井							
4		综合							
5	标准井未涵盖工程量	探井							
6		评价井							
7		开发井							
8		综合							
9	全部工程量	探井							
10		评价井							
11		开发井							
12		综合							

2.10 钻井工程计价标准优化调整方法

从标准井、油气田、建设单位、油气公司各个层次全面分析计价标准水平分析结果，以保证计价标准编制水平平均先进性。对于测算出的钻井工程造价与实际投资偏差较大的计价标准，具体分析相关原因。计价标准调整主要从综合单价和工程量两个方面进行。

2.10.1 综合单价优化调整方法

可以从预算定额和工程建设其他定额中逐项梳理分析各个项目综合单价，调整认为不合适的综合单价。从钻前工程中分部分项工程综合单价方面分析，若单井道路工程和井场工程按一口井测算综合单价，而实际上是丛式井组的道路工程、井场工程情况，则需要采用丛式井组中多口井分摊的方式调整综合单价。从施工队伍综合单价方面分析，若标准井采用的施工设备未来将不再使用或者不是主要使用的设备类型，需要调整设备类型以及配套的综合单价。从主要材料价格方面分析，套管、油管、水泥、钻头等主要材料价格往往有多个批次多种规格型号，若标准井采用的主要材料未来将不再使用或者不是主要使用的规格型号，需要调整主要材料规格型号以及配套的综合单价。从技术服务和材料供应合同方面分析，若是有新签订的合同价格，则采用新的合同价格作为相应项目的综合单价。

调整相关项目综合单价后，需要相应地调整相关的钻井工程预算定额、工程建设其他定额、概算指标、估算指标、参考指标。

2.10.2 工程量优化调整方法

可以从概算定额中逐项梳理各个项目的工程量，调整认为不合适的工程量数量。从井身结构方面分析，若钻头尺寸及钻进深度、套管尺寸及下深有不合适的，需要首先调整井身结构参数，相应地调整与井身结构相关的各个项目的工程量数量，如将三开井段216mm牙轮钻头换成190mm PDC钻头。从计量单位方面分析，若生产管理方式或技术服务合同模式发生变化，工程项目的计量单位和工程量数量需要相应调整，如日费制合同调整为总包制合同，钻井施工费的计量单位则由"d"调整为"口"，相应的工程量数量也要调整。

调整相关项目工程量后，需要相应地调整相关的钻井工程概算定额、概算指标、估算指标、参考指标。

2.11 钻井工程计价标准应用方法

2.11.1 钻井工程参考指标应用方法

2.11.1.1 用于编制油气勘探开发中长期发展规划中钻井工程投资

编制油气勘探开发中长期发展规划时，通常要进行多方案比选。首先，根据油气勘探开发中长期发展规划各个方案中给出的各年度探井、评价井、开发井钻井井数或进尺工程量，采用钻井工程参考指标的单井造价（万元/口）或单位造价（元/m），测算出每个方案各年度探井、评价井、开发井钻井工程投资（示例见表2-17）。其次，进行多个方案投资对比分析，测算各个方案投资额度差异和变化幅度。最后，根据总体规划编制情况，综合考虑各方面因素，给出推荐方案。

2.11.1.2　用于编制油气勘探开发项目预可行性研究报告（立项建议书）中钻井工程投资

编制油气勘探开发项目预可行性研究报告（立项建议书）时，通常要进行多方案比选。首先，根据油气勘探开发项目预可行性研究报告（立项建议书）各个方案中给出的各年度探井、评价井、开发井钻井井数或进尺工程量，采用钻井工程参考指标的单井造价（万元/口）或单位造价（元/m），测算出每个方案各年度探井、评价井、开发井钻井工程投资。其次，进行多个方案投资对比分析，测算各个方案投资额度差异和变化幅度。最后，综合考虑各方面因素，给出推荐方案。

2.11.2　钻井工程估算指标应用方法

2.11.2.1　用于编制钻井工程参考指标

采用钻井工程估算指标编制钻井工程参考指标的方法参见"2.8　钻井工程参考指标编制方法"。

2.11.2.2　用于编制油气勘探开发项目可行性研究报告中钻井工程投资估算

编制油气勘探开发项目可行性研究报告时，根据油气勘探开发项目中钻井工程方案部署的区块、目的层、井别、井型、井身结构、井深等主要参数，选择每一类代表井相对应的钻井工程估算指标。采用钻井工程估算指标中单井造价（万元/口）或单位造价（元/m），乘以钻井工程方案部署的钻井井数或钻井进尺工程量，分别测算多个方案的分类、分年度钻井工程投资。某气田开发方案钻井工程投资估算示例见表2-18和表2-19。

若钻井工程估算指标中相关参数与钻井工程方案部署的油气井主要参数有差异时，可以选择最接近钻井工程方案要求的钻井工程估算指标，调整相关工程计价项目、综合单价、工程量，测算出与钻井工程方案保持一致的单井造价（万元/口）或单位造价（元/m），再进行钻井工程投资估算。

2.11.3　钻井工程概算指标应用方法

2.11.3.1　用于编制钻井工程估算指标

采用钻井工程概算指标编制钻井工程估算指标的方法参见"2.7　钻井工程估算指标编制方法"。

2.11.3.2　用于编制油气勘探开发项目初步设计中钻井工程投资概算

编制油气勘探开发项目初步设计时，根据油气勘探开发详细方案或调整方案中钻井工

表 2-17 某油气田公司"十四五"发展规划钻井工程投资测算（方案二）

单位	井别	税前单井造价（万元/口）	含税单井造价（万元/口）	2021年 井数（口）	2021年 税前投资（万元）	2021年 含税投资（万元）	2022年 井数（口）	2022年 税前投资（万元）	2022年 含税投资（万元）	2023年 井数（口）	2023年 税前投资（万元）	2023年 含税投资（万元）	2024年 井数（口）	2024年 税前投资（万元）	2024年 含税投资（万元）	2025年 井数（口）	2025年 税前投资（万元）	2025年 含税投资（万元）	合计 井数（口）	合计 税前投资（万元）	合计 含税投资（万元）
AA气田	探井	8557	9385	6	51342	56310	5	42785	46925	3	25671	28155	3	25671	28155	1	8557	9385	18	154026	168930
AA气田	评价井	6846	7508	4	27384	30032	3	20538	22524	3	20538	22524	2	13692	15016	1	6846	7508	13	88998	97604
AA气田	开发井	5705	6257	0	0	0	6	34230	37542	10	57050	62570	15	85575	93855	20	114100	125140	51	290955	319107
	合计			10	78726	86342	14	97553	106991	16	103259	113249	20	124938	137026	22	129503	142033	82	533979	585641
BB气田	探井	9933	10898	8	79464	87184	6	59598	65388	3	29799	32694	2	19866	21796	1	9933	10898	20	198660	217960
BB气田	评价井	7760	8514	5	38800	42570	4	31040	34056	7	54320	59598	3	23280	25542	3	23280	25542	22	170720	187308
BB气田	开发井	6208	6811	1	6208	6811	1	6208	6811	5	31040	34055	8	49664	54488	10	62080	68110	25	155200	170275
	合计			14	124472	136565	11	96846	106255	15	115159	126347	13	92810	101826	14	95293	104550	67	524580	575543
CC气田	探井	9230	10123	10	92300	101230	8	73840	80984	6	55380	60738	4	36920	40492	1	9230	10123	29	267670	293567
CC气田	评价井	8571	9400	6	51426	56400	6	51426	56400	7	59997	65800	4	34284	37600	3	25713	28200	26	222846	244400
CC气田	开发井	6593	7231	1	6593	7231	2	13186	14462	7	46151	50617	10	65930	72310	15	98895	108465	35	230755	253085
	合计			17	150319	164861	16	138452	151846	20	161528	177155	18	137134	150402	19	133838	146788	90	721271	791052
总计				41	353517	387768	41	332851	365092	51	379946	416751	51	354882	389254	55	358634	393371	239	1779830	1952236

表 2-18 某气田开发方案钻井工程分类投资估算

方案	代表井号	井别	井型	井身结构	井深(m)	钻井周期(d)	完井周期(d)	总井数(口)	总进尺(m)	税前 单位造价(元/m)	税前 单井造价(万元/口)	税前 总投资(万元)	含税 单位造价(元/m)	含税 单井造价(万元/口)	含税 总投资(万元)	备注
方案一	代表井1	开发井	水平井	四开	5672	83	18	11	62392	11619	6590	72493	12793	7256	79815	
	代表井2	开发井	直井	四开	5010	70	15	3	15030	8711	4364	13093	9586	4803	14408	
	代表井3	开发井	直井	四开	5010	70	15	3	15030	8345	4181	12542	9058	4538	13614	
	代表井4	开发井	直井	二开	1525	16	3	11	16775	5911	901	9916	6504	992	10911	
	合计							28	109227			108044			118748	
方案二	代表井1	开发井	水平井	四开	5672	83	18	18	102096	11619	6590	118624	12793	7256	130607	
	代表井2	开发井	直井	四开	5010	70	15	5	25050	8711	4364	21821	9586	4803	24014	
	代表井3	开发井	直井	四开	5010	70	15	2	10020	8344	4181	8361	9058	4538	9076	
	合计							25	137166			148806			163697	

表 2-19 某气田开发方案钻井工程分年度投资估算

方案	代表井号	代表井1	代表井2	代表井3	代表井4	合计
方案一	税前单井造价(万元/口)	6590	4364	4181	901	
	含税单井造价(万元/口)	7256	4803	4538	992	
2020年	井数(口)	3	1	1	5	10
	税前投资(万元)	19771	4364	4181	4507	32823
	含税投资(万元)	21768	4803	4538	4959	36068
方案二	税前单井造价(万元/口)	6590	4364	4181		
	含税单井造价(万元/口)	7256	4803	4538		
2020年	井数(口)	3	1	0	0	4
	税前投资(万元)	19771	4364	0	0	24135
	含税投资(万元)	21768	4803	0	0	26571

续表

方案	代表井号	方案一					方案二			
		代表井1	代表井2	代表井3	代表井4	合计	代表井1	代表井2	代表井3	合计
2021年	井数（口）	4	1	1	3	9	7	2	1	10
	税前投资（万元）	26361	4364	4181	2704	37610	46132	8729	4181	59042
	含税投资（万元）	29024	4803	4538	2976	41341	50792	9606	4538	64936
2022年	井数（口）	4	1	1	3	9	8	2	1	11
	税前投资（万元）	26361	4364	4181	2704	37610	52722	8729	4181	65632
	含税投资（万元）	29024	4803	4538	2976	41341	58048	9606	4538	72192
合计	井数（口）	11	3	3	11	28	18	5	2	25
	税前投资（万元）	72493	13092	12543	9915	108043	118625	21822	8362	148809
	含税投资（万元）	79816	14409	13614	10911	118750	130608	24015	9076	163699

程方案部署的钻井工程量，编制钻井工程投资概算。根据需要，钻井工程投资概算可以是一口探井、一口评价井、一口开发井的投资概算，也可以是某区块或某项目的一批井的投资概算。

根据油气勘探开发方案中钻井工程方案部署的区块、目的层、井别、井型、井身结构、井深、水平位移、钻井周期、钻井设备类型等主要参数，选择每一类代表井相对应的钻井工程概算指标。采用钻井工程概算指标中单井造价（万元／口）或单位造价（元／m），乘以钻井工程方案部署的钻井井数或钻井进尺工程量，分别测算多个方案的分类、分年度钻井工程投资。

若钻井工程概算指标中相关参数与钻井工程方案部署的油气井主要参数有差异时，可以选择最接近钻井工程方案要求的钻井工程概算指标，调整相关工程计价项目、综合单价、工程量，测算出与钻井工程方案保持一致的单井造价（万元／口）或单位造价（元／m），再进行钻井工程投资概算。

钻井工程投资概算编制表格与钻井工程投资估算表格相同（示例见表2-18和表2-19），仅是编制概算的代表井具体工程项目，比编制估算的代表井具体工程项目更细化。

2.11.3.3　用于编制年度投资计划中钻井工程投资

油气勘探开发项目初步设计获得批准后，列入年度投资计划。因此，采用钻井工程概算指标编制的初步设计中钻井工程投资直接用于编制年度投资计划。对于老油气区调整的开发井，可以套用相应的钻井工程概算指标来编制年度投资计划。

2.11.3.4　用于编制钻井工程设计预算

根据钻井工程设计中主要工程参数，选择最接近钻井工程设计要求的钻井工程概算指标，调整相关工程计价项目、综合单价、工程量，测算出与钻井工程设计保持一致的钻井工程投资预算。

2.11.3.5　用于编制钻井工程招标标底

根据钻井工程设计的主要工程参数和招标文件要求，选择最接近要求的钻井工程概算指标，调整相关工程计价项目、综合单价、工程量，编制出与钻井工程招标文件要求一致的钻井工程招标标底。

2.11.3.6　用于确定钻井工程合同价格

一是基于钻井工程概算指标的招标标底是确定钻井工程合同的基础。二是钻井工程概算指标去掉工程建设其他费中不相关项目和预备费、贷款利息，可以直接作为某一区块钻井工程总承包的合同价格。

2.11.3.7 用于实施标准井管理

钻井工程概算指标用于建设单位推行标准化设计，实施限额设计，可以实现技术与经济的有效结合，可以有效控制低效、甚至无效技术措施项目和工程量。用于建立钻井工程投资预算预警制度。用于建设单位和施工单位双方共同制订鼓励性钻井合同条款，可以根据标准井工程量清单和价格制订奖励与处罚措施，以利于公平有序竞争。

2.11.4 钻井工程概算定额应用方法

2.11.4.1 用于编制钻井工程概算指标

采用钻井工程概算定额编制钻井工程概算指标的方法参见"2.6 钻井工程概算指标编制方法"。

2.11.4.2 用于确定钻井工程工程量和考核管理

钻井工程概算定额提供了一套基于现有钻井生产力水平的钻井工程工程量定量依据和标准，可以直接采用钻井工程概算定额或根据需要调整其中部分参数，用于建设单位编制钻井工程初设概算、设计预算、招标标底和确定合同价格，也可以用于建设单位制定相关单位的工程消耗考核指标。

2.11.5 工程建设其他定额应用方法

2.11.5.1 用于编制钻井工程概算指标

采用工程建设其他定额编制钻井工程概算指标的方法参见"2.6 钻井工程概算指标编制方法"。

2.11.5.2 用于工程建设各个阶段编制钻井工程其他费用

在编制工程建设决策阶段的可研估算、初设概算和竣工阶段的竣工决算时，需要用到建设管理定额、工程设计定额、用地定额、环保管理定额、工程保险定额、预备费定额、贷款利息定额、增值税定额。在编制工程建设设计阶段的设计预算、准备阶段的招标标底和合同价格、施工阶段的工程结算时，需要用到部分建设管理定额、工程设计定额、增值税定额。

2.11.6 钻井工程预算定额应用方法

2.11.6.1 用于编制钻井工程概算指标

采用钻井工程预算定额编制钻井工程概算指标的方法参见"2.6 钻井工程概算指标编制方法"。

2.11.6.2　用于钻井工程定价和考核管理

钻井工程预算定额提供了一套基于现有钻井生产力水平的钻井工程定价依据和标准，可以直接采用钻井工程预算定额或根据需要调整其中部分参数，用于建设单位编制钻井工程初设概算、设计预算、招标标底和确定合同价格、实施工程结算，也可以用于建设单位制定相关单位的工程价格考核指标。

3 施工单位钻井工程计价标准管理方法

3.1 钻井工程计价标准编制流程

钻井工程计价标准编制工作总体上包括钻井生产力水平分析、基础定额编制、消耗定额编制、费用定额编制、预算定额编制、工程建设其他定额编制、概算定额编制、概算指标编制、计价标准水平分析、编辑成册等内容。施工单位钻井工程计价标准编制基本流程如图3-1所示，钻井工程计价标准编辑成册的示例见案例B。钻井工程计价标准编制过程中需要多次反复优化调整相关工程量和综合单价，以保证项目设置科学、定额数值合理、总体水平先进、定额使用方便。

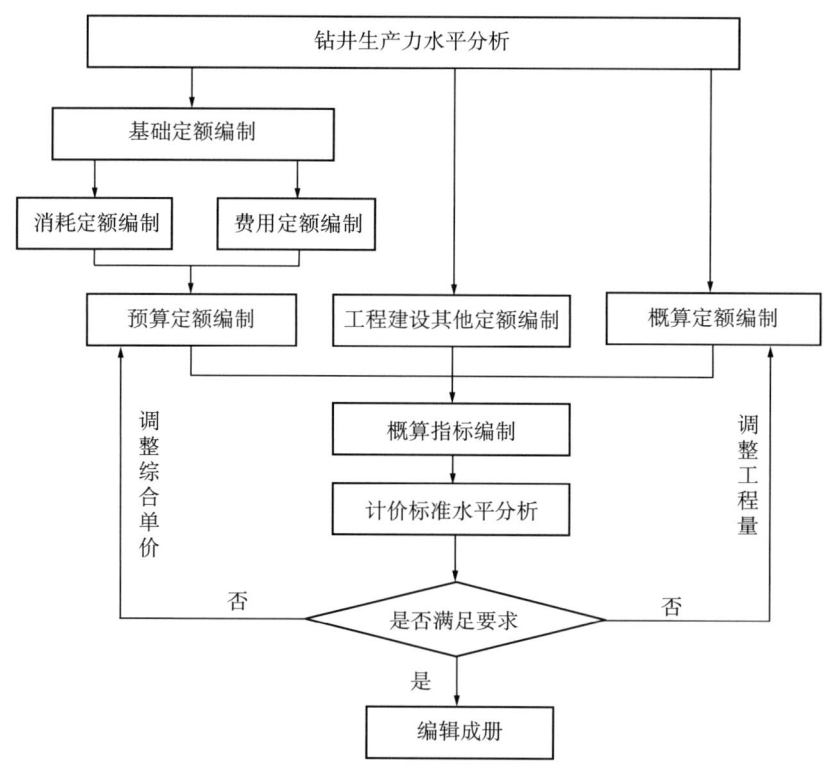

图 3-1 施工单位钻井工程计价标准编制基本流程

3.2 钻井生产力水平分析方法

3.2.1 钻井主要参数采集

采集近 2～5 年本油气区实际完工并完成决算的单井井号、施工单位、油气田、区块、井别、井型、井身结构、完井方式、井深、开钻时间、完井时间、钻井周期、完井周期、建井周期、钻井成本、完井成本、决算成本 17 个主要参数（示例见表 3-1）。可以根据实际需要补充相关参数，如完钻时间、搬迁周期。

3.2.2 钻井生产力水平分析

按施工单位分别分析历年来平均工程量和近 2～5 年的平均工程量指标（参见表 3-2）。按施工单位分别分析平均单井成本和单位进尺成本等指标（参见表 3-3）。还可以按区块、井别、井型、井身结构分别详细分析工程量水平、成本水平（表格模式同表 3-2 和表 3-3）。

3.3 钻井工程基础定额编制方法

基础定额包括生产组织定额、生产条件定额。生产组织定额包括施工队伍定额、人员定额、设备定额、工作量定额。生产条件定额包括油气田和区块划分标准、设备类型划分标准、车辆平均行驶距离、车辆平均行驶速度等。钻井工程基础定额基本表现形式见案例 B。

3.3.1 生产组织定额编制方法

3.3.1.1 施工队伍统计分析

（1）施工队伍工作量统计。

根据近 2～5 年本油气区实际完成井的井号，统计出参加施工的所有队伍的工作情况，见表 3-4。

（2）施工队伍工作量分析。

根据不同钻井施工队伍类型，分别统计队伍总量、总井数、总时间、总井次，再测算出年均队伍数量、年均施工井数、队伍年均施工时间、队伍年均施工井次等工作量参数（示例见表 3-5）。进而确定出影响本油气区钻井生产力水平的主要钻井施工队伍及其年均工作量情况，作为编制钻井工程基础定额的主要依据。

3.3.1.2 施工队伍资料采集

根据钻井工程管理和预算定额编制的需要，施工单位所属的每支主要钻井施工队伍填写工作量信息表和综合信息表，表明施工队伍近 2～5 年的总体施工情况和水平，体现本油气区现有钻井生产总体水平。

钻井工程全过程工程量清单计价标准

表 3-1　××××—××××年钻井主要参数统计

序号	施工单位	油气田	区块	井别	井型	井身结构	完井方式	井深(m)	开钻时间	完井时间	钻井周期(d)	完井周期(d)	建井周期(d)	钻井成本(万元)	完井成本(万元)	决算成本(万元)	备注
1	C42-67	×××	×××	×××	定向井	二开	射孔	2463.00	2015-3-1	2015-3-28	24.00	3.50	30.00	351.31	135.96	487.27	
2	C36-68	×××	×××	×××	定向井	二开	裸眼	2380.00	2015-4-2	2015-4-29	24.00	4.00	31.00	351.67	35.44	387.11	
……																	
	合计							×××			×××	×××	×××	×××	×××	×××	

填表说明：
（1）井号为施工单位统计年度内的钻井井号。
（2）施工单位指实施油气勘探开发项目钻井工程的施工主体。
（3）油气田指施工单位负责施工的油气田。
（4）区块指油气田下属的区块。
（5）井别分为探井、评价井和开发井。
（6）井型分为直井、定向井、水平井、大位移井、分支井（多底井）。
（7）井身结构指一口井下人的套管层次和每层套管的深度以及套管和井眼尺寸的配合，又称套管程序，通常分二开、三开、四开……
（8）完井方式包括裸眼、射孔、筛管、砾石充填等。
（9）井深指已完钻井的总深度。
（10）开钻时间指第一只钻头下过钻机转盘面开始钻进的时间，按年-月-日填写。
（11）完井时间指钻井工程全部建设完成的时间，按年-月-日填写。
（12）钻井周期指钻井从第一次开钻至完成钻井工程设计规定全部工作为止的全部工作时间。
（13）完井周期指完井作业从第一次完井开始至完成钻井工程设计规定全部工作为止的全部工作时间。
（14）建井周期指从第一台钻井设备搬迁至完成建井工作为止的全部工程建设成本。
（15）钻井成本指施工单位实际用于钻井工程和钻进工程建设的全部工程建设成本。
（16）完井成本指施工单位实际用于完井工程的全部工程建设成本。
（17）决算成本指一口井全部钻井工程竣工决算成本。
（18）合计指对井深、钻井周期、完井周期、建井周期、钻井成本、完井成本、决算成本等分别进行累加。

3 施工单位钻井工程计价标准管理方法

表 3-2 ××××—×××× 年钻井工程量水平分析

序号	施工单位	总井数(口)	总进尺(m)	钻井总周期(d)	完井总周期(d)	建井总周期(d)	年均井数(口)	年均进尺(m)	年均建井周期(d)	平均井深(m)	平均钻井周期(d)	平均完井周期(d)	平均建井周期(d)	备注
1	×××	48	85731	708	144	852	16	28577	284	1786	14.75	3.00	17.75	×××
2	×××	127	221375	1355	381	1736	42	73792	579	1743	10.66	3.00	13.66	×××
……	合计	×××	×××	×××	×××	×××	×××	×××	×××	×××	×××	×××	×××	×××

填表说明：
(1) 总井数、总进尺、钻井总周期、完井总周期、建井总周期来自表 3-1 中合计数值。
(2) 年均井数＝总井数÷年数。
(3) 年均进尺＝总进尺÷年数。
(4) 年均建井周期＝建井总周期÷年数。
(5) 平均井深＝总进尺÷总井数。
(6) 平均钻井周期＝钻井总周期÷总井数。
(7) 平均完井周期＝完井总周期÷总井数。
(8) 平均建井周期＝建井总周期÷总井数。

表 3-3 ××××—×××× 年钻井成本水平分析

序号	施工单位	总井数(口)	总进尺(m)	钻井总成本(万元)	完井总成本(万元)	决算总成本(万元)	年均成本(万元)	平均单井钻井成本(万元)	平均单井完井成本(万元)	平均单井决算成本(万元)	单位进尺钻井成本(元/m)	单位进尺完井成本(元/m)	单位进尺决算成本(元/m)	备注
1	×××	48	85731	20796.22	4565.02	25361.24	8453.75	433.25	95.10	528.36	2425.75	532.48	2958.23	×××
2	×××	127	221375	38803.04	8517.74	47320.79	15773.60	305.54	67.07	372.60	1752.82	384.77	2137.58	×××
……	合计	×××	×××	×××	×××	×××	×××	×××	×××	×××	×××	×××	×××	×××

填表说明：
(1) 总井数、总进尺、钻井总成本、完井总成本、决算总成本来自表 3-1 中合计数值。
(2) 年均成本＝决算总成本÷年数。
(3) 平均单井钻井成本＝钻井总成本÷总井数。
(4) 平均单井完井成本＝完井总成本÷总井数。
(5) 平均单井决算成本＝决算总成本÷总井数。
(6) 单位进尺钻井成本＝钻井总成本×10000÷总进尺。
(7) 单位进尺完井成本＝完井总成本×10000÷总进尺。
(8) 单位进尺决算成本＝决算总成本×10000÷总进尺。

表 3-4　××××—××××年钻井施工队伍工作量统计

序号	队号	设备规格型号	井号	开始施工日期	结束施工日期	施工时间(d)	施工井次(次)	备注
钻井队								
1	50005	ZJ50D	××-1	2015-05-12	2015-08-08	88.00		
2								
……								
录井队								
1								
2								
……								
……								
1								
2								
……								

填表说明：
(1) 队号指施工队伍编号，如钻井队编号30650、50005，录井队编号L11036、L11022等。
(2) 设备规格型号指施工队伍使用的主要设备规格型号，如钻井队使用的ZJ50D、ZJ50L钻机。
(3) 井号为施工单位统计年度的钻井井号，如C42-67、J635。
(4) 开始施工日期指施工队伍到达井场开始作业的日期，按年-月-日填写。
(5) 结束施工日期指施工队伍完成作业离开井场的日期，按年-月-日填写。
(6) 施工时间指施工队伍现场作业时间，如钻井队施工时间28.50d，录井队施工时间31.00d。
(7) 施工井次指施工队伍现场作业的井次数，如压裂队作业一口井2次。

表 3-5　2015—2017年钻井施工队伍工作量分析

序号	队伍类型	队伍总量(支)	总井数(口)	总时间(d)	总井次(次)	年均队伍数量(支)	年均施工井数(口)	队伍年均施工时间(d)	队伍年均施工井次(次)	备注
钻井队		311	2380	58646	—	104	8	188	—	
1	ZJ20钻机	64	1305	9166	—	21	20	145		
2	ZJ50钻机	137	742	28938	—	46	5	210		
3	ZJ70钻机	110	333	20542	—	37	3	185		
录井队		146	1126	37396	—	49	8	254	—	
1	地质录井队	116	976	30496	—	39	8	261		
2	综合录井队	30	150	6900	—	10	5	230		
固井队		68	2380	—	5236	23	35	—	76	
……										

填表说明：
(1) 队伍总量按表3-4中队伍类型和相应级别分别统计合计值确定。
(2) 总井数、总时间、总井次按表3-4中队伍类型和相应级别分别统计合计值确定。
(3) 年均队伍数量＝队伍总量÷统计年数，按四舍五入取整数。
(4) 年均施工井数＝总井数÷队伍数量，按四舍五入取整数。
(5) 年均施工时间＝总时间÷队伍数量，按四舍五入取整数。
(6) 年均施工井次＝总井次÷队伍数量，按四舍五入取整数。

工作量信息表主要反映施工队伍工作时间、工作方式、支出和收入情况，按年度小计和多年合计，按开工日期或上井日期先后排序。支出为实际花费的费用，收入为该井核定的收入。

综合信息表反映一个年度内施工队伍人员、设备、主要材料消耗、成本和收入情况。钻井作业队伍人数按年底在册实际发工资的人数统计，人工费包括技能工资、岗位工资、各种津贴、保险等与人员有关的全部费用，按全年钻井作业队伍实际发生费用统计。钻井作业设备型号按钻井队伍年底在册实际设备统计。资产原值包括每个钻井队伍实施生产作业时所拥有的全部钻井设备的资产原值，如钻井队所拥有的钻机配套设备包括井架及底座、提升系统、动力与传动系统、循环处理系统、油气水设施、监测系统、井控系统、井场用房、辅助工具与设施、生活设施10大部分。若井控系统资产未在钻井队伍所拥有设备资产上，而是单独列出，则需要平均分摊到各钻井队伍的设备资产原值中，除非井控服务单独编制预算定额。设备摊销放在设备折旧栏下。成本 = 人工费 + 设备折旧 + 设备修理费 + 材料费 + 其他直接费 + 管理费，收入为该队伍全年全部核定收入。

表3-6至表3-11示例性给出了钻井队、固井队、测井队的资料采集工作信息表和综合信息表。具体内容可根据本油气区生产条件和预算定额编制要求进行相应调整。比如，根据需要，采用项目费用法编制钻井队、录井队和作业队预算定额，仅需要填写所有钻井队、录井队和作业队的工作信息表和综合信息表，而不需要填写固井队、测井队等其他队伍的工作信息表和综合信息表。

3.3.1.3 施工队伍定额编制方法

根据表3-5钻井施工队伍工作量分析结果，剔除异常因素后，采用统计平均方法测算出年均队伍数量，确定施工队伍定额。

3.3.1.4 人员定额编制方法

人员定额采用近2～5年本油气区实际钻井作业队伍人数和人工费水平，剔除异常因素后，统计分析确定。人数定额采用同类钻井队伍实际人数统计平均后取整数确定，队年人工费定额采用同类钻井队伍近2～5年的实际队年人工费统计平均确定，人均人工费定额采用队年人工费除以平均单支队伍人数确定。

3.3.1.5 设备定额编制方法

设备定额采用近2～5年本油气区实际钻井作业设备型号和资产原值水平，剔除异常因素后，统计平均确定。资产原值定额采用同类钻井设备实际资产原值统计平均确定，设备折旧、修理费和摊销定额按实际消耗水平，以资产原值为基数，采用专家经验法确定。需要说明的是，设备折旧和设备修理费额相配套使用，设备摊销定额单独使用，即一套设备或者采用设备折旧和设备修理费定额确定费用消耗水平，或者采用设备摊销定额确定费用消耗水平。

表 3–6　×××钻井队工作量信息表

序号	基本参数						时间参数						材料参数		费用参数（万元）					备注
	井号	油气田	井别	井型	井身结构	井深（m）	搬迁日期	开钻日期	完钻日期	完井日期	搬迁周期（d）	钻井周期（d）	钻头（只）	柴油（t）	钻头费	柴油费	钻井液费	水费	运输费	
1	××–5	×××	开发井	水平井	三开	5138	06–06	06–10	08–08	08–12	4	58	9	259.02	183.78	142.60	209.00	1.10	38.10	
2	××–1	×××	开发井	水平井	三开	4169	05–12	05–16	07–15	07–20	4	60	8	259.69	169.89	146.05	198.12	1.02	33.65	
……	×××	×××	×××	×××	×××	×××	×××	×××	×××	×××	×××	×××	×××	×××	×××	×××	×××	×××	×××	
2015 年小计						×××					×××	×××	×××	×××	×××	×××	×××	×××	×××	
……	×××	×××	×××	×××	×××	×××	×××	×××	×××	×××	×××	×××	×××	×××	×××	×××	×××	×××	×××	
2016 年小计						×××					×××	×××	×××	×××	×××	×××	×××	×××	×××	
……	×××	×××	×××	×××	×××	×××	×××	×××	×××	×××	×××	×××	×××	×××	×××	×××	×××	×××	×××	
2017 年小计						×××					×××	×××	×××	×××	×××	×××	×××	×××	×××	

表 3–7　×××钻井队综合信息表

年份	工作量				人工		设备			材料费（万元）	其他直接费（万元）	管理费（万元）	成本（万元）	收入（万元）	备注
	井数（口）	进尺（m）	搬迁周期（d）	钻井周期（d）	人数（人）	人工费（万元）	资产原值（万元）	折旧（万元）	修理费（万元）						
2015	×××	×××	×××	×××	×××	×××	×××	×××	×××	×××	×××	×××	×××	×××	
2016	×××	×××	×××	×××	×××	×××	×××	×××	×××	×××	×××	×××	×××	×××	
2017	×××	×××	×××	×××	×××	×××	×××	×××	×××	×××	×××	×××	×××	×××	

表 3-8 ×××固井队工作量信息表

序号	井号	上井日期	工作时间(d)	钻头尺寸(mm)	套管尺寸(mm)	井深(m)	固井规模(t)	人数(人)	车组类型	柴油消耗(t)	柴油费用(元)	支出(元)	收入(元)	备注
1	××23	06-23	1	215.9	139.7	2653	45	6	哈里伯顿	1.2	7628	96496	108056	
2	××63	07-16	1	215.9	139.7	3142	53	6	哈里伯顿	1.5	9577	106325	125366	
……	×××	×××	×××									×××	×××	不含主要材料费
2015年小计			×××									×××	×××	
……	×××	×××	×××		×××				×××		×××	×××	×××	
2016年小计			×××									×××	×××	
……	×××	×××	×××						×××			×××	×××	
2017年小计												×××	×××	

表 3-9 ×××固井队综合信息表

年份	工作量		人工		设备			材料费(万元)	其他直接费(万元)	管理费(万元)	成本(万元)	收入(万元)	备注
	服务次数(次)	固井规模(t)	工作时间(d)	人数(人)	人工费(万元)	资产原值(万元)	折旧(万元)	修理费(万元)						
2015	×××	×××	×××	×××	×××	×××	×××	×××	×××	×××	×××	×××	×××	
2016	×××	×××	×××	×××	×××	×××	×××	×××	×××	×××	×××	×××	×××	
2017	×××	×××	×××	×××	×××	×××	×××	×××	×××	×××	×××	×××	×××	

表 3-10 ×××测井队工作量信息表

序号	井号	上井日期	工作时间 (d)	井眼尺寸 (mm)	套管尺寸 (mm)	井深 (m)	套管下深 (m)	测量项目	人井深度 (m)	测量长度 (m)	柴油消耗 (t)	柴油费用 (元)	支出 (元)	收入 (元)	备注
1	××32	08-25	2	215.9	139.7	3150	3145	测声幅	3145	2650	0.9	6300	342315	372511	
2	××13	09-06	2	215.9	177.8	2690	500	常规9条曲线	2690	2190	0.7	4900	435647	459837	
……	×××	×××	×××	×××	×××	×××	×××	×××	×××	×××	×××	×××	×××	×××	
2015年小计			×××						×××	×××	×××	×××	×××	×××	
……	×××	×××	×××	×××	×××	×××	×××	×××	×××	×××	×××	×××	×××	×××	
2016年小计			×××						×××	×××	×××	×××	×××	×××	
……	×××	×××	×××	×××	×××	×××	×××	×××	×××	×××	×××	×××	×××	×××	
2017年小计			×××						×××	×××	×××	×××	×××	×××	

表 3-11 ×××测井队综合信息表

年份	作业井数 (口)	上井次数 (次)	工作量			工作时间 (d)	人工		设备						备注
			人井深度 (m)	测量长度 (m)			人数 (人)	人工费 (万元)	资产原值 (万元)	折旧 (万元)	修理费 (万元)	材料费 (万元)	其他直接费 (万元)	管理费 (万元)	成本 (万元)	收入 (万元)	
2015年	×××	×××	×××	×××	×××	×××	×××	×××	×××	×××	×××	×××	×××	×××	×××
2016年	×××	×××	×××	×××	×××	×××	×××	×××	×××	×××	×××	×××	×××	×××	×××
2017年	×××	×××	×××	×××	×××	×××	×××	×××	×××	×××	×××	×××	×××	×××	×××

3.3.1.6 工作量定额编制方法

年有效工作时间定额指在现有钻井生产水平条件下,钻井队伍在一个年度内实际能够实施有效生产作业的时间。采用近 2~5 年钻井队伍的实际完成生产作业时间,扣除异常因素后,统计平均确定。

年有效工作量定额指在现有钻井生产水平条件下,钻井队伍在一个年度内实际能够实施有效生产作业的工作量。采用近 2~5 年钻井队伍实际完成生产作业工作量,扣除异常因素后,统计平均确定。

3.3.2 生产条件定额编制方法

3.3.2.1 油气田和区块划分标准

根据油气区现有油气田和区块相关规定确定油气田和区块划分标准(表 3–12)。

表 3–12 油气田和区块划分标准

序号	定额编号	油气田名称	区块名称	主要目的层	平均垂深(m)
1	AB–JCDE2019–031	AA	AA12	LM× 组	2400
2	AB–JCDE2019–032	BB	BB34	LM× 组	3750
3	AB–JCDE2019–033	CC	CC56	LM× 组	3200
……					

3.3.2.2 设备类型划分标准

将本油气区正在施工使用的钻井、固井、录井、测井、压裂等各种规格型号设备,按一定的技术标准和管理要求,进行统一归类管理。钻机级别划分标准示例见表 3–13。

表 3–13 钻机级别和钻机型号划分标准

序号	定额编号	钻机级别	钻深能力(m)	钻机型号
1	AB–JCDE2019–061	ZJ10	1000	ZJ10L
2	AB–JCDE2019–062	ZJ15	1500	ZJ15L、ZJ15D、XJ550S、ZJ15、ZJ15Z、ZJ15X、ZJ15DB–1、BY–40
3	AB–JCDE2019–063	ZJ20	2000	ZJ20L、ZJ20D、ZJ20DB、ZJ20CZ、ZJ20Z、ZJ20DF、ZJ20J
4	AB–JCDE2019–064	ZJ30	3000	ZJ30L、ZJ30DZ、ZJ30DB、ZJ30Z、ZJ30B、ZJ30JD、2DYS–8–2100、ZJ30K
5	AB–JCDE2019–065	ZJ40	4000	ZJ32、ZJ40D、ZJ40DB、ZJ40J、ZJ40L、ZJ40T、ZJ40LT、ZJ40DBS、ZJ40DZ
6	AB–JCDE2019–066	ZJ50	5000	ZJ45、ZJ50D、ZJ50DB、ZJ50L、ZJ50DBS、ZJ50DZ、F250

续表

序号	定额编号	钻机级别	钻深能力（m）	钻机型号
7	AB-JCDE2019-067	ZJ70	7000	ZJ70L、ZJ70D、ZJ70DB、ZJ70LD、ZJ70DZ、F320、ZJ70DBS、ZJ60D、ZJ60DS
8	AB-JCDE2019-068	ZJ90	9000	ZJ90DZ、C-3-II、E-2100、F-400、C-2-1
9	AB-JCDE2019-069	ZJ120	12000	ZJ120/9000DB-1

3.3.2.3 车辆平均行驶距离

根据本油气区现有生产组织方式，按正常工作情况，确定出主要施工基地到各油气田、各区块以及各区块之间的平均距离，示例见表3-14。

表3-14 车辆平均行驶距离

序号	定额编号	起点	终点	计量单位	平均距离	备注
1	AB-JCDE2019-072	基地	B	km	109	
2	AB-JCDE2019-073	基地	D	km	126	
3	AB-JCDE2019-074	基地	E	km	154	

3.3.2.4 车辆平均行驶速度

根据相关资料，经统计分析或经专家讨论确定车辆平均行驶速度标准，示例见表3-15。

表3-15 车辆平均行驶速度

序号	定额编号	车辆类型	计量单位	数量	备注
1	AB-JCDE2019-092	值班车	km/h	70	
2	AB-JCDE2019-093	压裂车	km/h	50	
3	AB-JCDE2019-094	吊车	km/h	45	
4	AB-JCDE2019-095	固井车	km/h	50	

3.3.3 基础定额编号编制方法

基础定额编制完成后，要对基础定额进行统一编号。编号采用"公司简称+基础定额+年份+序号"的方式编制而成，公司简称和基础定额采用汉语拼音首写字母。例如，中国石油集团川庆钻探工程有限公司（以下简称川庆钻探公司）2018年编制的钻井工程基础定额编号为CQ-JCDE2018-001、CQ-JCDE2018-002。

3.4 钻井工程消耗定额编制方法

3.4.1 消耗定额编制方法

采用项目费用法编制预算定额时，需要用到消耗定额。消耗定额构成项目同预算定额保持一致，包括钻前工程消耗定额、钻进工程消耗定额、完井工程消耗定额。钻井工程消耗定额基本表现形式见案例 B。

编制消耗定额时，以近 2～5 年的实际工作情况统计数据为主体，依据相关技术标准和规定，采用科学分析方法和专家经验法进行编制，满足编制综合单价的需要。表 3-16 为某油田钻机材料消耗定额。

表 3-16 钻机材料消耗定额

定额编号				AB-XHDE2019-G20101-001	AB-XHDE2019-G20101-002	AB-XHDE2019-G20101-003	AB-XHDE2019-G20101-004
钻机级别				ZJ20	ZJ30	ZJ50	ZJ70
序号	项目	规格型号	计量单位	数量			
1	柴油	0 号	t/d	3.00	3.67	5.70	6.60
2	机油		kg/d	6.70	8.80	16.70	23.30
3	生活水		m³/d	7.00	8.00	10.00	12.00

3.4.2 消耗定额编号编制方法

消耗定额编制完成后，要对消耗定额进行统一编号。消耗定额编号采用"公司简称+消耗定额+年份+清单项目编码+序号"的方式编制而成，公司简称和消耗定额采用汉语拼音首写字母。例如，川庆钻探公司 2018 年编制的钻井施工消耗定额编号为 CQ-XHDE2018-G20101-001、CQ-XHDE2018-G20101-002。

3.5 钻井工程费用定额编制方法

采用成本加成法、项目费用法编制预算定额时，需要用到费用定额。费用定额包括人工费定额、设备费定额、材料费定额、其他直接费定额、企业管理费定额、工程风险费定额、利润定额。钻井工程费用定额基本表现形式见案例 B。

编制费用定额时，根据实际情况，可以直接采用政府部门或相关单位发布的价格，也可以套用或参考相关行业、地区或企业的定额，还可以采用近 2～5 年的统计数据经综合分析确定。下面结合相关费用定额项目进行说明。

3.5.1 人工费定额编制方法

通常采用两种方法编制人工费定额。一种方法是采用基础定额中的人员定额和工作量定额计算确定，即人工费定额＝队年人工费÷年有效工作时间（或年有效工作量）。另一种方法是直接采用相关专业人工费定额或人工价格确定。

3.5.2 设备费定额编制方法

通常采用两种方法编制设备费定额。一种方法是采用基础定额中的设备定额和工作量定额计算确定，即折旧定额＝年折旧÷年有效工作时间（或年有效工作量），修理费定额＝年修理费÷年有效工作时间（或年有效工作量），摊销定额＝年摊销÷年有效工作时间（或年有效工作量）。另一种方法是直接采用相关专业设备服务价格确定。

3.5.3 材料费定额编制方法

通常采用两种方法编制材料费定额。一种方法是直接采用相关部门发布的当期材料价格。另一种方法是材料入库价格加上仓储保管费确定。

3.5.4 其他直接费定额编制方法

通常采用两种方法编制其他直接费定额。一种方法是直接采用相关部门发布的其他直接费定额或价格。另一种方法是根据近2～5年的统计资料计算分析确定，即其他直接费定额＝年平均其他直接费÷年有效工作时间（或年有效工作量）。

3.5.5 企业管理费定额编制方法

企业管理费费率定额采用统计平均法编制。统计近2～5年施工单位实际发生管理费，扣除异常因素后，采用年平均管理费除以年平均钻井工程直接费，并且经综合分析后确定，示例见表3-17。

3.5.6 工程风险费定额编制方法

工程风险费定额可采用统计分析法和专家经验法编制。统计近2～5年施工单位意外情况下发生的自然灾害、井下复杂或事故而造成时间和材料消耗大幅度增加而发生的费用，扣除异常因素后，除以钻井工程直接费，测算得出风险性费率，经综合分析后确定。这种方法类似于企业管理费编制方法，见表3-17。若没有相关数据，结合本油气区实际情况，可采用专家经验法估算确定，示例见表3-18和表3-19。

3.5.7 利润定额编制方法

根据相关规定确定利润定额，或参考近2～5年石油钻井行业平均利润水平，经综合分析后确定。

表 3-17 企业管理费定额测算

序号	队伍类型	2015 年		2016 年		2017 年		3 年平均		管理费费率（%）	企业管理费定额（%）
		直接费（万元）	管理费（万元）	直接费（万元）	管理费（万元）	直接费（万元）	管理费（万元）	直接费（万元）	管理费（万元）		
一	钻前工程										
1	钻前工程队	171864.00	14264.20	182741.00	15459.00	167761.00	11055.00	174122.00	13592.73	7.81	8
2	机械化作业队	40232.10	3311.10	40984.20	3446.10	41736.40	3192.30	40984.23	3316.50	8.09	8
二	钻进工程										
3	钻井队	59901.50	5146.80	65791.60	7074.90	69814.20	7679.10	65169.10	6633.60	10.18	10
4	定向服务队	14610.20	1154.30	14906.10	1210.40	15022.50	1255.60	14846.27	1206.77	8.13	8
5	固井队	34079.20	2835.40	33791.10	2740.10	34379.30	2829.70	34083.20	2801.73	8.22	8
6	录井队	44666.70	3820.80	44827.90	3590.80	44948.10	3645.30	44814.23	3685.63	8.22	8
三	完井工程										
7	压裂队	84640.20	7321.10	84512.30	6452.40	84768.50	6484.50	84640.33	6752.67	7.98	8

表 3-18　钻井工程风险费定额

序号	定额编号	项目名称	计量单位	数额	取费基数	备注
1	AB-FYDE2019-FXG1-001	钻前工程	%	0.50	直接费	
2	AB-FYDE2019-FXG2-002	钻进工程	%	1.50	直接费	
3	AB-FYDE2019-FXG3-003	完井工程	%	1.50	直接费	

表 3-19　钻井施工风险费定额

序号	定额编号	钻机级别	计量单位	数额	取费基数	备注
1	AB-FYDE2019-FXG2-001	ZJ10	%	1.50	直接费	
2	AB-FYDE2019-FXG2-002	ZJ15	%	1.50	直接费	
3	AB-FYDE2019-FXG2-003	ZJ20	%	1.50	直接费	
4	AB-FYDE2019-FXG2-004	ZJ30	%	2.00	直接费	
5	AB-FYDE2019-FXG2-005	ZJ40	%	2.50	直接费	
6	AB-FYDE2019-FXG2-006	ZJ50	%	3.00	直接费	
7	AB-FYDE2019-FXG2-007	ZJ70	%	3.50	直接费	
8	AB-FYDE2019-FXG2-008	ZJ90	%	4.50	直接费	

3.5.8　费用定额编号编制方法

费用定额编制完成后，要对费用定额进行统一编号。费用定额编号采用"公司简称+费用定额+年份+费用项目简称+单项工程清单代码+序号"的方式编制而成，公司简称和费用定额采用汉语拼音首写字母。费用项目简称分别为：人工费——RG、设备费——SB、材料费——CL、其他直接费——QT、企业管理费——GL、工程风险费——FX、利润——LR。单项工程清单代码分别为：钻前工程——G1、钻进工程——G2、完井工程——G3。例如，川庆钻探公司 2018 年编制的钻前工程人工费定额编号为 CQ-FYDE2018-RGG1-001、CQ-FYDE2018-RGG1-002，川庆钻探公司 2018 年编制的完井工程设备费定额编号为 CQ-FYDE2018-SBG3-001、CQ-FYDE2018-SBG3-002。

3.6　钻井工程预算定额编制方法

按照钻井工程造价项目分级标准，钻井工程预算定额由钻前工程预算定额、钻进工程预算定额、完井工程预算定额组成。钻井工程预算定额基本表现形式见案例 B。

预算定额分为分项工程综合单价、队伍施工综合单价、主要材料综合单价、材料运输综合单价、其他作业综合单价 5 种类型。由于各油气区具体钻井工程项目管理差异性较大，钻井工程预算定额涉及内容复杂，需要根据各油气区钻井工程生产条件和生产组织方式等具体情况进行确定。总体上可以分为 5 种编制方法。

3.6.1 采用政府部门发布的价格或计价标准

钻井工程预算定额项目中有政府定价或相关计价标准的，可直接采用。

3.6.2 采用或参考套用相关行业、地区或企业的定额

详见"2.3.2 采用或参考套用相关行业、地区或企业的定额"。

3.6.3 采用合同价格或结算价格

详见"2.3.3 采用合同价格或结算价格"。

3.6.4 采用成本加成法

对于由相关协议约定的技术服务或材料，可采用成本加利润的成本加成法编制预算定额，即综合单价 = 成本 × （1+ 利润率）。

3.6.4.1 采用成本加成法编制井位测量预算定额示例

（1）综合单价计算方法。

综合单价 = 年平均成本 × （1+ 利润率） ÷ 年有效工作量。

（2）统计井位测量队 3 年成本。

统计 2015—2017 年的井位测量队全部成本，分别为 829091 元、841818 元、852727 元，3 年平均成本为 841212 元。

（3）确定利润率。

利润率采用费用定额中利润率定额值，取 3%。

（4）确定年有效工作量。

统计 2015—2017 年井位测量队工作量，3 年平均年有效工作量 280 次、工作时间 2240h、行驶距离 12600km。其中，行驶时间 280h、现场测量时间 1960h，分别占工作时间的 12.5% 和 87.5%。

（5）计算综合单价。

井位测量综合单价 =841212 元 × （1+3%） ÷ 280 次 =3095 元 / 次

也可以按动迁和现场测量分别计算综合单价：

动迁综合单价 =841212 元 × 12.5% × （1+3%） ÷ 12600km=8.60 元 /km。

现场测量综合单价 =841212 元 × 87.5% × （1+3%） ÷ 280 次 =2708 元 / 次。

3.6.4.2 采用成本加成法编制主要材料预算定额示例

根据本油气区钻井工程实际消耗主要材料类型，采用上一年的全年平均价格、年底价格或有关协议价格，确定各类主要材料基础价格，加上物资采购保管费和利润，计算得出综合单价。计算方法为：

综合单价 = 基础价格 × （1+ 物资采购保管费率） × （1+ 利润率）。

表 3-20 给出了钻井液材料预算定额示例。

表 3-20 钻井液材料预算定额示例

序号	定额编号	名称	代号	类型	计量单位	基础价格	物资采购保管费率（%）	利润率（%）	综合单价
1	AB-YSDE2019-G2010202-001	膨润土		原材料	元/t	560		3	577
2	AB-YSDE2019-G2010202-002	纯碱	Na_2CO_3		元/t	2750		3	2833
3	AB-YSDE2019-G2010202-003	烧碱	NaOH		元/t	2300		3	2369
4	AB-YSDE2019-G2010202-004	重晶石	$BaSO_4$	加重材料	元/t	1000	6.7	3	1099
5	AB-YSDE2019-G2010202-005	强力包被剂	HWB-101		元/t	21000		3	21630
6	AB-YSDE2019-G2010202-006	防塌降滤失剂	FT-881	降滤失剂	元/t	12500		3	12875
7	AB-YSDE2019-G2010202-007	无荧光防塌降滤失水剂	KH-931	降滤失剂	元/t	12600		3	12978
8	AB-YSDE2019-G2010202-008	HA 树脂		降滤失剂	元/t	8260	6.7	3	9078
9	AB-YSDE2019-G2010202-009	抗盐降滤失剂	KFT	降滤失剂	元/t	7600		3	7828
10	AB-YSDE2019-G2010202-010	超细碳酸钙	$CaCO_3$		元/t	1050		3	1082

3.6.5 采用费用项目法

对于施工单位内部或由相关协议约定的钻井专业服务，可采用费用项目法编制预算定额。编制钻井工程预算定额时，首先需要编制本油气区的钻井工程基础定额；其次需要在基础定额的基础上，根据钻施工队伍类型和生产组织方式，分别编制钻井工程消耗定额和费用定额；最后按照一定的计算方法测算并且优化调整出钻井工程综合单价。下面以费用项目法编制钻井施工预算定额为例进行说明。

3.6.5.1 预算定额计算方法

根据典型井实际消耗数据和油气田相关规定，按钻机级别确定消耗定额和费用定额，计算得出综合单价。预算定额计算方法参见表2-8。

下面以某油气区ZJ30钻机为例，说明钻井施工预算定额的编制方法。

3.6.5.2 基础定额编制方法

统计分析3支ZJ30钻机钻井队2015—2017年的工作情况，编制出基础定额（表3-21）。

表3-21 基础定额

序号	定额编号	施工队伍定额		人员定额			设备定额			工作量定额
		类型	数量（支）	人数（人）	队年人工费（元）	人均人工费（元）	资产原值（万元）	年折旧（万元）	年修理费（万元）	年有效工作时间（d）
1	AB-JCDE2019-006	ZJ30钻机	3	43	4644000	108000	1700.00	201.88	100.94	220

3.6.5.3 消耗定额编制方法

2015—2017年3支ZJ30钻机钻井队实际工作时间和材料消耗统计结果见表3-22。

表3-22 ZJ30钻机消耗参数

序号	项目	单位	2015年	2016年	2017年	3年平均
1	总工作时间	d	630.00	619.00	655.00	634.67
2	柴油	t	1575.00	1609.40	1768.50	1650.97
3	机油	t	56.70	61.90	72.10	63.57
4	生活水	m³	5071.50	5075.80	5109.00	5085.43
5	其他材料费	元	2482200.00	2439479.00	2582010.00	2501229.67
6	其他直接费	元	1805335.00	1718667.00	1976000.00	1833334.00

ZJ30钻机材料消耗定额确定方法：

（1）柴油消耗定额 =1650.97t÷634.67d=2.60t/d。

（2）机油消耗定额 =63.57t÷634.67d=0.10t/d。

（3）生活水消耗定额 =5085.43m³÷634.67d =8.01m³/d。

3.6.5.4 费用定额编制方法

人工费定额、设备费定额采用基础定额中相关数据计算得出。柴油费定额、机油费定额、生活水费定额由消耗定额乘以相关价格计算得出。其他材料费定额、其他直接费定额采用近3年统计参数计算确定。企业管理费定额、工程风险费定额、利润定额直接确定。

（1）人工费定额 =4644000元÷220d=21109.09元/d。

（2）折旧定额 =210.88万元×10000÷220d=9585.45元/d。

（3）修理费定额 =100.94万元×10000÷220d=4588.18元/d。

（4）柴油费定额 = 消耗定额×价格=2.60t/d×6150.00元/t=15990.00元/d。

（5）机油费定额 = 消耗定额×价格=0.10t/d×21690.00元/t=2169.00元/d。

（6）生活水费定额 = 消耗定额×价格=8.01m³/d×6.23元/m³=49.90元/d。

（7）其他材料费定额 =2501229.67元÷634.67d=3940.99元/d。

（8）其他直接费定额 =1833334.00元÷634.67d=2888.64元/d。

（9）企业管理费定额取10.0%。

（10）工程风险费定额取2.0%。

（11）利润定额取3.0%。

3.6.5.5 预算定额编制方法

采用费用定额计算得出预算定额，其中设备费 = 折旧 + 修理费，材料费 = 柴油费 + 机油费 + 生活水费 + 其他材料费。表3–23给出了ZJ30钻机钻井施工预算定额。

表3–23 ZJ30钻机钻井施工预算定额

定额编号				AB–YSDE2019–G20101–002
钻机级别				ZJ30
序号	项目	规格型号	计量单位	金额
综合单价			元/d	69586.59
1	直接费		元/d	60321.25
1.1	人工费		元/d	21109.09
1.2	设备费		元/d	14173.63
1.2.1	折旧		元/d	9585.45
1.2.2	修理费		元/d	4588.18
1.3	材料费		元/d	22149.89

3 施工单位钻井工程计价标准管理方法

续表

定额编号				AB-YSDE2019-G20101-002
钻机级别				ZJ30
序号	项目	规格型号	计量单位	金额
1.3.1	柴油费	0号	元/d	15990.00
1.3.2	机油费		元/d	2169.00
1.3.3	生活水费		元/d	49.90
1.3.4	其他材料费		元/d	3940.99
1.4	其他直接费		元/d	2888.64
2	间接费		元/d	7238.55
2.1	企业管理费		元/d	6032.13
2.2	工程风险费		元/d	1206.43
3	利润		元/d	2026.79

3.6.6 预算定额编号编制方法

预算定额编制完成后,要对预算定额进行统一编号。预算定额编号采用"公司简称+预算定额+年份+清单项目编码+顺序号"的方式编制而成,公司简称和预算定额采用汉语拼音首写字母。例如,川庆钻探公司2018年编制的钻井施工预算定额编号为CQ-YSDE2018-G20101-001、CQ-YSDE2018-G20101-002。

3.7 工程建设其他定额编制方法

按照钻井工程造价项目分级标准,工程建设其他定额包括建设管理定额、工程设计定额、用地定额、环保管理定额。工程建设其他定额基本表现形式见案例B。

3.7.1 工程建设其他定额编制方法

由于各油气区具体钻井工程项目管理差异性较大,需要根据各油气区钻井工程生产条件和生产组织方式等具体情况进行确定。总体上可以分为4种编制方法:采用政府部门发布的价格和标准,采用或参考套用相关行业、地区或企业的定额,采用合同价格或结算价格,采用成本加成法。具体编制方法与建设单位工程建设其他定额编制方法相同,参见"2.4 工程建设其他定额编制方法"。

3.7.2 工程建设其他定额编号编制方法

工程建设其他定额编制完成后,要对工程建设其他定额进行统一编号。工程建设其他定额编号采用"公司简称+其他定额+年份+清单项目编码+顺序号"的方式编制而成,公司简称和其他定额采用汉语拼音首写字母。例如,川庆钻探公司2018年编制的钻井工程

监督定额编号为 CQ-QTDE2018-Q102-001。

3.8 钻井工程概算定额编制方法

概算定额是在一定的生产组织方式和生产条件下，在某一个油气区范围内实施一口标准井钻井工程的总体工程量消耗标准。钻井工程概算定额基本表现形式见案例 B。

3.8.1 概算定额编制方法

概算定额采用本油气区近 2～5 年各区块典型井工程参数，按照一定的统计分析方法，测算得出一口标准井钻井工程的工时、材料等工程量消耗标准；或者按照标准井钻井工程设计参数，测算得出一口标准井钻井工程的工时、材料等工程量消耗标准。具体编制方法与建设单位钻井工程概算定额编制方法相同，参见"2.5 钻井工程概算定额编制方法"。

3.8.2 概算定额编号编制方法

概算定额编制完成后，要对概算定额进行统一编号。概算定额编号采用"公司简称+井别+标准井+年份+序号"的方式编制而成，公司简称、井别和标准井采用汉语拼音首写字母。例如，川庆钻探公司 2019 年用于油气勘探的标准井概算定额编号为 CQ-KT-BZJ2019001，川庆钻探公司 2019 年用于油气评价的标准井概算定额编号为 CQ-PJ-BZJ2019001，川庆钻探公司 2019 年用于油气开发的标准井概算定额编号为 CQ-KF-BZJ2019001。

3.9 钻井工程概算指标编制方法

概算指标由指标编号、基础数据和工程量清单计价三部分组成。钻井工程概算指标基本表现形式见案例 B。

3.9.1 概算指标编制方法

概算指标的具体编制方法与建设单位钻井工程概算指标编制方法相同，基础数据表中需要将建设单位换成施工单位，相关参数按照施工单位的概算定额调整；工程量清单计价中没有预备费和贷款利息费用项目，需要按照施工单位预算定额、工程建设其他定额、概算定额的相关参数计算。具体编制方法参见"2.6 钻井工程概算指标编制方法"。

3.9.2 概算指标编号编制方法

概算指标编制完成后，要对概算指标进行统一编号。概算指标编号采用"公司简称+井别+钻井指标+年份+顺序号"的方式编制而成。公司简称、井别和钻井指标采用汉语拼音首写字母。例如，川庆钻探公司 2019 年用于油气勘探的探井概算指标编号为 CQ-KT-ZJZB2019001，川庆钻探公司 2019 年用于油气评价的评价井概算指标编号为 CQ-

3 施工单位钻井工程计价标准管理方法

PJ−ZJZB2019001，川庆钻探公司 2019 年用于油气开发的开发井概算指标编号为 CQ−KF−ZJZB2019001。

3.10 钻井工程计价标准水平分析方法

计价标准水平分析分为标准井工程造价水平分析、油气田工程造价水平分析、施工单位工程造价水平分析。

3.10.1 标准井工程造价水平分析

采用钻井生产力水平分析中的相关数据，统计出标准井所对应的全部完成井钻井决算总成本。采用概算指标中含税单井造价乘以对应的钻井井数，计算出标准井所对应的全部完成井总造价，计算增减额（＝含税总造价－决算总成本）、幅度（%）（＝增减额÷决算总成本×100%），测算出计价标准对应的标准井含税总造价与决算总成本对比的总体水平（表格模式见表 3−24）。若决算总成本中未含增值税，可采用税前总造价进行标准井工程造价水平分析。

3.10.2 油气田工程造价水平分析

采用标准井工程造价水平分析中的相关数据，按井别、区块分别合计钻井井数、含税总造价、决算总成本，计算含税单井造价（＝含税总造价÷钻井井数）、增减额（＝含税总造价－决算总成本）、幅度（%）（＝增减额÷决算总成本×100%），测算出计价标准对应的油气田工程总造价与实际决算总成本对比的总体水平（表格模式见表 3−25）。若决算总成本中未含增值税，可采用税前总造价进行油气田工程造价水平分析。

3.10.3 施工单位工程造价水平分析

采用油气田工程造价水平分析中的相关数据，按井别分别合计钻井井数、含税总造价、决算总成本；按井别统计标准井未涵盖的钻井井数、决算总成本；再将两类井相加，得出全部工程量对应的钻井井数、含税总造价、决算总成本，计算增减额（＝含税总造价－决算总成本）、幅度（%）（＝增减额÷决算总成本×100%），测算出计价标准对应的施工单位工程总造价与实际决算总成本对比的总体水平（表格模式见表 3−26）。若决算总成本中未含增值税，可采用税前总造价进行施工单位工程造价水平分析。

3.11 钻井工程计价标准优化调整方法

从标准井、油气田、施工单位各个层次全面分析计价标准水平分析结果，以保证计价标准编制水平平均先进性。对于测算出的钻井工程造价与实际成本偏差较大的计价标准，具体分析相关原因。计价标准调整主要从综合单价和工程量两个方面进行，主要调整方法和思路参见"2.10 钻井工程计价标准优化调整方法"。这里介绍施工单位钻井工程基础定额、消耗定额、费用定额、综合单价、工程量调整方法。

表 3-24 标准井工程造价水平分析

标准井井号	概算指标编号	区块	井数 (口)	进尺 (m)	含税单井造价 (万元/口)	含税总造价 (万元)	决算总成本 (万元)	增减额 (万元)	幅度 (%)	备注

表 3-25 油气田工程造价水平分析

油气田	井别	井数 (口)	进尺 (m)	含税单井造价 (万元/口)	含税总造价 (万元)	决算总成本 (万元)	增减额 (万元)	幅度 (%)	备注
	探井								
	评价井								
	开发井								
	综合								
	探井								
	评价井								
	开发井								
	综合								

表 3-26 施工单位工程造价水平分析

测算范围	井别	井数(口)	进尺(m)	含税单井造价(万元/口)	含税总造价(万元)	决算总成本(万元)	增减额(万元)	幅度(%)	备注
标准井涵盖工程量	探井								
	评价井								
	开发井								
	综合								
标准井未涵盖工程量	探井								
	评价井								
	开发井								
	综合								
全部工程量	探井								
	评价井								
	开发井								
	综合								

3.11.1 基础定额优化调整方法

需要按照钻井基本生产保障条件，优化生产组织方式，调整施工队伍数量结构。对于工作量定额明显偏低的部分专业施工队伍工作量定额进行调增；对于工作量定额明显偏高的部分专业施工队伍工作量定额进行调减。调整方法：调增后的工作量定额＝已测算出工作量定额 × 施工队伍数量 ÷ 调减后的施工队伍数量。也可以采用专家评定法确定。当使用基础定额的本油气区年度钻井工程量水平与前几年平均年度钻井工程量水平发生较大变化时，需要按照优化生产组织方式，对基础定额中各种施工队伍定额、人员定额、设备定额、工作量定额的有关参数进行全面调整。下面以调整年有效工作量定额为例进行说明。

根据本油气区近 2～5 年钻井工程量和所有施工队伍实际情况，初步编制出一套生产组织定额，见表 3-27。分析认为井位测量队和 ZJ50 钻机钻井队两个年度工作量定额明显偏低，需要调整，见表 3-27 中第 1 行和第 7 行。

4 支井位测量队年平均工作量为 115 次，明显工作量偏低。分析认为使用 2 支井位测量队即可以满足目前本油气区钻井生产需要，因而井位测量年有效工作量定额 =115 次 × 4 支队伍 ÷ 2 支队伍 =230 次。

18 支 ZJ50 钻机钻井队年平均工作量为 235d，分析认为使用 15 支 ZJ50 钻机钻井队即可以满足目前本油气区钻井生产需要，因而 ZJ50 钻机钻井队年有效工作量定额 =235d × 18 支队伍 ÷15 支队伍 =282d。

调整后的一套生产组织定额见表 3-28。钻井工程基础定额调整后，需要相应地调整与井位测量队和 ZJ50 钻机钻井队相关的钻井工程消耗定额、费用定额、预算定额、概算指标。

3.11.2 消耗定额优化调整方法

消耗定额是在一定的工艺技术和生产组织条件下，施工队伍为实施钻井工程中规定计量单位工程所消耗的人工工时、设备台时以及材料数量的标准。若即将实施的钻井工艺技术和生产组织条件与已发生的工艺技术和生产组织条件有较大变化时，需要对钻井工程消耗定额进行优化调整。例如，由四开井身结构调整为三开井身结构，由常规旋转钻井调整为欠平衡钻井，由当地工业用电代替柴油机发电，这些变化都会对钻机柴油消耗定额产生较大影响，需要相应地进行优化调整。

钻井工程消耗定额调整后，需要相应地调整相关的钻井工程费用定额、预算定额、概算指标。

3.11.3 费用定额优化调整方法

费用定额是在基础定额和消耗定额所规定的生产组织和施工条件下，施工队伍实施钻井工程中规定计量单位工程所消耗的各种费用标准。首先是基础定额和消耗定额优化调整后，费用定额必须相应地进行调整。其次是人事、财务等有关政策规定发生变化时，需要及时调整。如薪酬政策发生变化时，需要调整人工费定额；如折旧年限发生变化时，需要调整折旧定额。

表 3–27 生产组织定额初步编制结果

序号	定额编号	施工队伍定额 类型	数量(支)	人员定额 人数(人)	队年人工费(元)	人均人工费(元)	设备定额 资产原值(万元)	年折旧(万元)	年修理费(万元)	工作量定额 年有效工作时间(d)	年有效工作量
1	AB–JCDE2019–001	井位测量队	4	4	420000	105000	134.00	16.08	6.03		115 次
2	AB–JCDE2019–002	钻前工程队	3	26	2548000	98000	585.60	97.60	29.28	248	
3	AB–JCDE2019–003	水电安装队	3	18	1791000	99500	660.00	110.00	33.00	222	
4	AB–JCDE2019–004	综合队	3	25	2495000	99800	396.00	49.50	19.80	241	
5	AB–JCDE2019–005	ZJ20 钻机钻井队	5	40	4200000	105000	1300.00	154.38	77.19	253	
6	AB–JCDE2019–006	ZJ30 钻机钻井队	25	43	4644000	108000	1700.00	201.88	100.94	265	
7	AB–JCDE2019–007	ZJ50 钻机钻井队	18	50	5450000	109000	2600.00	308.75	154.38	235	
8	AB–JCDE2019–008	ZJ70 钻机钻井队	2	53	5883000	111000	3300.00	391.88	195.94	302	
9	AB–JCDE2019–009	MWD 定向服务队	12	6	750000	125000	800.00	400.00	16.00	245	
10	AB–JCDE2019–010	LWD 定向服务队	3	6	750000	125000	2000.00	1000.00	40.00	211	
11	AB–JCDE2019–011	欠平衡服务队	2	12	1452000	121000	650.00	216.67	8.67	182	
12	AB–JCDE2019–012	单机单泵固井队	5	26	2912000	112000	600.00	54.00	13.50		110 次
13	AB–JCDE2019–013	双机双泵固井队	5	30	3360000	112000	1300.00	220.00	55.00		130 次
14	AB–JCDE2019–014	地质录井队	50	6	690000	115000	16.00	2.00	1.00	273	
15	AB–JCDE2019–015	气测录井队	8	6	690000	115000	132.00	17.00	6.00	224	
16	AB–JCDE2019–016	国产综合录井队	5	11	1265000	115000	260.00	32.00	11.00	221	
17	AB–JCDE2019–017	进口综合录井队	3	11	1265000	115000	530.00	64.00	22.00	218	
18	AB–JCDE2019–018	地化录井队	2	4	460000	115000	120.00	15.00	5.00	153	

续表

序号	定额编号	施工队伍定额		人员定额			设备定额			工作量定额	
		类型	数量(支)	人数(人)	队年人工费(元)	人均人工费(元)	资产原值(万元)	年折旧(万元)	年修理费(万元)	年有效工作时间(d)	年有效工作量
19	AB-JCDE2019-019	国产数控测井队	5	11	1287000	117000	726.00	106.00	32.00		1879456 计价米
20	AB-JCDE2019-020	引进数控测井队	5	11	1287000	117000	1160.00	164.00	35.00		1879456 计价米
21	AB-JCDE2019-021	快速平台测井队	2	11	1287000	117000	1143.00	176.00	52.00		1879456 计价米
22	AB-JCDE2019-022	国产成像测井队	1	12	1404000	117000	1200.00	165.00	52.00		1561112 计价米
23	AB-JCDE2019-023	引进成像测井队	1	12	1404000	117000	1565.00	225.00	70.00		1181120 计价米
24	AB-JCDE2019-024	取心队	1	8	936000	117000	403.00	49.00	17.00		3442 颗
25	AB-JCDE2019-025	XJ250 修井机作业队	3	16	1680000	105000	187.00	22.21	7.77	213	
26	AB-JCDE2019-026	XJ350 修井机作业队	15	16	1680000	105000	202.00	23.99	8.40	225	
27	AB-JCDE2019-027	XJ450 修井机作业队	18	18	1890000	105000	293.00	34.79	12.18	232	
28	AB-JCDE2019-028	XJ550 修井机作业队	6	26	2730000	105000	391.00	46.43	16.25	255	
29	AB-JCDE2019-029	XJ650 修井机作业队	4	36	3780000	105000	450.00	53.44	18.70	261	
30	AB-JCDE2019-030	XJ750 修井机作业队	2	36	3780000	105000	580.00	68.88	24.11	275	
31	AB-JCDE2019-031	射孔队	5	11	1265000	115000	513.00	73.00	26.00		6006 射孔米
32	AB-JCDE2019-032	地面计量队	5	12	1380000	115000	1020.00	155.00	31.00	191	
33	AB-JCDE2019-033	地层测试队	6	6	690000	115000	35.00	5.00	1.00	185	
34	AB-JCDE2019-034	2000 型压裂队	3	74	7770000	105000	5200.00	620.00	220.00		115 次
35	AB-JCDE2019-035	2250 型压裂队	2	74	7770000	105000	5500.00	650.00	230.00		95 次
36	AB-JCDE2019-036	2500 型压裂队	2	76	7980000	105000	5600.00	670.00	240.00		82 次

表3-28 调整后的生产组织定额

序号	定额编号	施工队伍定额		人员定额			设备定额			工作量定额	
		类型	数量(支)	人数(人)	队年人工费(元)	人均人工费(元)	资产原值(万元)	年折旧(万元)	年修理费(万元)	年有效工作时间(d)	年有效工作量
1	AB-JCDE2019-001	井位测量队	2	4	420000	105000	134.00	16.08	6.03		230次
2	AB-JCDE2019-002	钻前工程队	3	26	2548000	98000	585.60	97.60	29.28	248	
3	AB-JCDE2019-003	水电安装队	3	18	1791000	99500	660.00	110.00	33.00	222	
4	AB-JCDE2019-004	综合队	3	25	2495000	99800	396.00	49.50	19.80	241	
5	AB-JCDE2019-005	ZJ20钻机钻井队	5	40	4200000	105000	1300.00	154.38	77.19	253	
6	AB-JCDE2019-006	ZJ30钻机钻井队	25	43	4644000	108000	1700.00	201.88	100.94	265	
7	AB-JCDE2019-007	ZJ50钻机钻井队	15	50	5450000	109000	2600.00	308.75	154.38	282	
8	AB-JCDE2019-008	ZJ70钻机钻井队	2	53	5883000	111000	3300.00	391.88	195.94	302	
9	AB-JCDE2019-009	MWD定向服务队	12	6	750000	125000	800.00	400.00	16.00	245	
10	AB-JCDE2019-010	LWD定向服务队	3	6	750000	125000	2000.00	1000.00	40.00	211	
11	AB-JCDE2019-011	欠平衡服务队	2	12	1452000	121000	650.00	216.67	8.67	182	
12	AB-JCDE2019-012	单机单泵固井队	5	26	2912000	112000	600.00	54.00	13.50		110次
13	AB-JCDE2019-013	双机双泵固井队	5	30	3360000	112000	1300.00	220.00	55.00		130次
14	AB-JCDE2019-014	地质录井队	50	6	690000	115000	16.00	2.00	1.00	273	
15	AB-JCDE2019-015	气测录井队	8	6	690000	115000	132.00	17.00	6.00	224	
16	AB-JCDE2019-016	国产综合录井队	5	11	1265000	115000	260.00	32.00	11.00	221	
17	AB-JCDE2019-017	进口综合录井队	3	11	1265000	115000	530.00	64.00	22.00	218	
18	AB-JCDE2019-018	地化录井队	2	4	460000	115000	120.00	15.00	5.00	153	

续表

序号	施工队伍定额		人员定额			设备定额			工作量定额	
	定额编号	类型	数量(支)	人数(人)	队年人工费(元)	人均人工费(元)	资产原值(万元)	年折旧(万元)	年修理费(万元)	年有效工作时间(d)	年有效工作量
19	AB-JCDE2019-019	国产数控测井队	5	11	1287000	117000	726.00	106.00	32.00		1879456 计价米
20	AB-JCDE2019-020	引进数控测井队	5	11	1287000	117000	1160.00	164.00	35.00		1879456 计价米
21	AB-JCDE2019-021	快速平台测井队	2	11	1287000	117000	1143.00	176.00	52.00		1879456 计价米
22	AB-JCDE2019-022	国产成像测井队	1	12	1404000	117000	1200.00	165.00	52.00		1561112 计价米
23	AB-JCDE2019-023	引进成像测井队	1	12	1404000	117000	1565.00	225.00	70.00		1181120 计价米
24	AB-JCDE2019-024	取心队	1	8	936000	117000	403.00	49.00	17.00		3442 颗
25	AB-JCDE2019-025	XJ1250 修井机作业队	3	16	1680000	105000	187.00	22.21	7.77	213	
26	AB-JCDE2019-026	XJ1350 修井机作业队	15	16	1680000	105000	202.00	23.99	8.40	225	
27	AB-JCDE2019-027	XJ1450 修井机作业队	18	18	1890000	105000	293.00	34.79	12.18	232	
28	AB-JCDE2019-028	XJ1550 修井机作业队	6	26	2730000	105000	391.00	46.43	16.25	255	
29	AB-JCDE2019-029	XJ1650 修井机作业队	4	36	3780000	105000	450.00	53.44	18.70	261	
30	AB-JCDE2019-030	XJ1750 修井机作业队	2	36	3780000	105000	580.00	68.88	24.11	275	
31	AB-JCDE2019-031	射孔队	5	11	1265000	115000	513.00	73.00	26.00		6006 射孔米
32	AB-JCDE2019-032	地面计量队	5	12	1380000	115000	1020.00	155.00	31.00	191	
33	AB-JCDE2019-033	地层测试队	6	6	690000	115000	35.00	5.00	1.00	185	
34	AB-JCDE2019-034	2000 型压裂队	3	74	7770000	105000	5200.00	620.00	220.00		115 次
35	AB-JCDE2019-035	2250 型压裂队	2	74	7770000	105000	5500.00	650.00	230.00		95 次
36	AB-JCDE2019-036	2500 型压裂队	2	76	7980000	105000	5600.00	670.00	240.00		82 次

钻井工程费用定额调整后，需要相应地调整相关的钻井工程预算定额、概算指标。

3.11.4 综合单价优化调整方法

可以从预算定额和工程建设其他定额中逐项梳理分析各个项目综合单价，调整认为不合适的综合单价。综合单价优化调整基本方法参见"2.10.1 综合单价优化调整方法"。

调整相关项目综合单价后，需要相应地调整相关的钻井工程预算定额、概算指标。

3.11.5 工程量优化调整方法

可以从概算定额中逐项梳理各个项目的工程量，调整认为不合适的工程量数量。工程量优化调整基本方法参见"2.10.2 工程量优化调整方法"。

调整相关项目工程量后，需要相应地调整相关的钻井工程概算定额、概算指标。

3.12 钻井工程计价标准应用方法

3.12.1 钻井工程概算指标应用方法

3.12.1.1 用于编制钻井工程成本概算

根据钻井工程管理需要，采用钻井工程概算指标中单井造价（万元／口）或单位造价（元／m），乘以钻井井数或钻井进尺工程量，编制一口探井、一口评价井、一口开发井或者是某个区块、某个项目的一批井钻井工程成本概算。若钻井工程概算指标中相关参数与拟实施的钻井工程主要参数有差异时，可以选择主要参数最接近的钻井工程概算指标，调整相关工程计价项目、综合单价、工程量，测算出新的单井造价（万元／口）或单位造价（元／m），再进行钻井工程成本概算。

3.12.1.2 用于编制年度计划中钻井工程成本

采用钻井工程概算指标中单井造价（万元／口）或单位造价（元／m），乘以年度计划中钻井井数或钻井进尺工程量，编制出年度计划中钻井工程成本，用于钻井经营决策和生产组织。

3.12.1.3 用于编制钻井工程成本预算

根据钻井工程施工设计中主要工程参数，选择最接近钻井工程施工设计要求的钻井工程概算指标，调整相关工程计价项目、综合单价、工程量，测算出与钻井工程施工设计一致的钻井工程成本预算。

3.12.1.4 用于编制钻井工程投标报价

根据钻井工程施工设计的主要工程参数和招标文件要求，选择最接近要求的钻井工概算指标，调整相关工程计价项目、综合单价、工程量，编制出与钻井工程招标文件要求一致的钻井工程投标报价。

3.12.1.5 用于确定钻井工程合同价格

一是基于钻井工程概算指标的投标报价是确定钻井工程合同的基础。二是钻井工程概算指标去掉工程建设其他费中不相关项目，可以直接作为某一区块钻井工程总承包的合同价格。

3.12.1.6 用于实施标准井管理

用于建设单位和施工单位双方共同制订鼓励性钻井合同条款，可以根据标准井工程量清单和价格制订奖励与处罚措施，以利于公平有序竞争。用于施工单位科学组织施工队伍，可以根据标准井工程量合理安排施工队伍，提高劳动生产率，降低钻井综合成本。

3.12.2 钻井工程概算定额应用方法

3.12.2.1 用于编制钻井工程概算指标

采用钻井工程概算定额编制钻井工程概算指标的方法参见"3.9 钻井工程概算指标编制方法"。

3.12.2.2 用于确定钻井工程工程量和考核管理

钻井工程概算定额提供了一套基于现有钻井生产力水平的钻井工程工程量定量依据和标准，可以直接采用钻井工程概算定额或根据需要调整其中部分参数，用于施工单位编制钻井工程成本概算、成本预算、投标报价和确定合同价格，也可以用于施工单位制定相关单位的工程消耗考核指标。

3.12.3 工程建设其他定额应用方法

3.12.3.1 用于编制钻井工程概算指标

采用工程建设其他定额编制钻井工程概算指标的方法参见"3.9 钻井工程概算指标编制方法"。

3.12.3.2 用于工程建设各个阶段编制钻井工程其他费用

在编制设计阶段的成本预算、准备阶段的投标报价和合同价格、施工阶段的工程结算时，需要用到建设管理定额、工程设计定额、用地定额、环保管理定额、增值税定额。

3.12.4 钻井工程预算定额应用方法

3.12.4.1 用于编制钻井工程概算指标

采用钻井工程预算定额编制钻井工程概算指标的方法参见"3.9 钻井工程概算指标编制方法"。

3.12.4.2 用于钻井工程定价和考核管理

钻井工程预算定额提供了一套基于现有钻井生产力水平的钻井工程定价依据和标准，可以直接采用钻井工程预算定额或根据需要调整其中的部分参数，用于施工单位编制钻井工程成本概算、成本预算、投标报价和确定合同价格、实施工程结算，也可以用于施工单位制定相关单位的工程价格考核指标。

3.12.5 钻井工程费用定额应用方法

3.12.5.1 用于编制钻井工程预算定额

采用钻井工程费用定额编制钻井工程预算定额的方法参见"3.6 钻井工程预算定额编制方法"。

3.12.5.2 用于制定钻井工程费用标准和考核指标

钻井工程费用定额提供了一套基于现有钻井生产力水平的钻井工程费用标准，可以用于施工单位制定相关单位的工程费用考核指标，也为施工单位有效节约钻井工程各项费用提供了定量标准，为实施降本增效配套措施提供了依据。

3.12.6 钻井工程消耗定额应用方法

3.12.6.1 用于编制钻井工程预算定额

采用钻井工程消耗定额编制钻井工程预算定额的方法参见"3.6 钻井工程预算定额编制方法"。

3.12.6.2 用于制定钻井工程消耗标准和考核指标

钻井工程消耗定额提供了一套基于现有钻井生产力水平的钻井工程消耗标准，可以用于施工单位制定相关单位的工程消耗考核指标，也为施工单位有效节约钻井工程各项消耗提供了定量标准，为实施降本增效配套措施提供了依据。

3.12.7 钻井工程基础定额应用方法

3.12.7.1 用于编制钻井工程费用定额

采用钻井工程基础定额编制钻井工程费用定额的方法参见"3.5 钻井工程费用定额编

制方法"。

3.12.7.2 用于优化钻井工程生产组织管理

钻井工程基础定额涵盖了本油气区范围内实施钻井工程的施工队伍类型和各种施工队伍的总体结构,为总体优化钻井生产组织、提高劳动生产率、有效降低钻井综合成本提供决策依据。

案例 A　建设单位钻井工程计价标准体系示例

D××G××× 油气田公司
钻井工程计价标准
(2019 年)

编制单位：×××××××

主管部门：×××××××

批　　准：×××××××

2019 年 9 月

D××G××× 油气田公司
钻井工程计价标准
（2019 年）

主　　编：×××

编制人员：×××　×××　×××

审　　核：×××　×××

批　　准：×××

2019 年 9 月

目 录

1 编制说明 …………………………………………………………… 74

2 钻井工程参考指标 ………………………………………………… 78

3 钻井工程估算指标 ………………………………………………… 79

4 钻井工程概算指标 ………………………………………………… 83

5 钻井工程概算定额 ………………………………………………… 92

6 钻井工程预算定额 ………………………………………………… 101

7 工程建设其他定额 ………………………………………………… 105

1 编制说明

1.1 编制方法

1.1.1 钻井工程预算定额编制方法

1.1.1.1 预算定额编制

（1）直接采用井场建设合同、钻采一体化工程总承包合同（含钻井、测井、录井、固井、无害化治理、试油、压裂酸化、射孔、地层测试、微地震监测）中的相关价格和××××市征地地上附着物和青苗补偿标准等规定价格。

（2）套管、油管、井口装置等大宗材料价格采用D××G×××油气田公司现行材料价格，并根据相关钻井参数折算确定。

1.1.1.2 预算定额编号编制

预算定额编号采用"公司简称+预算定额+年份+清单项目编码+顺序号"的方式编制而成，公司简称和预算定额采用汉语拼音首写字母。

1.1.2 工程建设其他定额编制方法

1.1.2.1 工程建设其他定额编制

（1）钻井工程监督、工程设计等参考钻井工程相关预算价格确定。

（2）基本预备费定额参考可行性研究报告中的相关参数，采用专家经验法按3%确定。未考虑价差预备费。

（3）贷款利息参考实际发生额度，按钻井工程费、工程建设其他费、预备费的55%计取贷款利息，利率按4.5%计。

（4）增值税税率根据D××G×××油气田公司文件《关于营改增改革工作有关事项的通知》（税价〔2016〕263号），结合实际分类确定。

1.1.2.2 工程建设其他定额编号编制

工程建设其他定额编号采用"公司简称+其他定额+年份+清单项目编码+顺序号"的方式编制而成，公司简称和其他定额采用汉语拼音首写字母。

1.1.3 钻井工程概算定额编制方法

1.1.3.1 基础数据编制

按区块、井别、井型分析2016—2018年所钻的155口井钻井工程主要参数，根据区块、井别、井型、井身结构、完井方式、井深区间、钻井周期等关键参数分析得出16个样本组，并在每个样本组中选出1口典型井，其井深和钻井周期最接近标准井的井深、钻井周期。以典型井工程参数为主，并参考样本组其他井的相关参数，编制出基础数据。

1.1.3.2　工程量清单编制

以典型井工程量为主，并参考样本组其他井的工程量，编制出标准井的工程量消耗标准。

1.1.3.3　概算定额编号编制

概算定额编号采用"公司简称+井别+标准井+年份+序号"的方式编制而成，公司简称、井别和标准井采用汉语拼音首写字母。

1.1.4　钻井工程概算指标编制方法

1.1.4.1　基础数据编制

工程参数直接采用概算定额中的基础数据确定。

单井造价=钻井工程费+工程建设其他费+预备费+贷款利息。

单位造价=（钻井工程费+工程建设其他费+预备费+贷款利息）÷井深。

税前指未计算增值税，含税指已计算增值税。

1.1.4.2　工程量清单计价编制

工程量清单计价按下述方法测算得出：

（1）钻井工程费=钻前工程费+钻进工程费+完井工程费。

钻前工程费=勘测工程费+道路工程费+井场工程费+动迁工程费+供水工程费+供电工程费+其他作业费；

钻进工程费=钻井作业费+钻井服务费+固井作业费+测井作业费+录井作业费+其他作业费；

完井工程费=完井准备费+完井作业费+录井作业费+测井作业费+射孔作业费+测试作业费+压裂作业费+酸化作业费+其他作业费。

（2）工程建设其他费=建设管理费+工程设计费+用地费+环保管理费+工程保险费。

（3）预备费=基本预备费。

（4）贷款利息=（钻井工程费+工程建设其他费+预备费）×贷款比例×贷款利率。

（5）规定计量单位工程费=工程量×综合单价。

钻井工程量采用概算定额中工程量定额确定。概算指标中钻井工程综合单价采用预算定额和工程建设其他定额中综合单价确定。增值税税率由工程建设其他定额中的增值税定额确定。税金采用税前合价乘以税率确定。采用各个分部分项工程含税合价除以含税单井造价，计算各个分部分项工程造价占单井造价的比例。

1.1.4.3　概算指标编号编制

概算指标编号采用"公司简称+井别+钻井指标+年份+顺序号"的方式编制而成，公司简称、井别和钻井指标采用汉语拼音首写字母。

1.1.5　钻井工程估算指标编制方法

1.1.5.1　基础数据编制

建设单位、油气田、区块、井别、井型、井身结构等基础参数直接套用概算指标中相对应的项目内容，井深、钻井周期、完井周期、税前单位造价、含税单位造价、税前单井造价、含税单井造价等参数采用概算指标中标准井对应的工程量加权平均确定。

1.1.5.2 工程量清单计价编制

工程量清单计价相关参数采用标准井对应的工程量加权平均测算得出。钻井工程工程量计量方法分为4种：一是以"口"为单位，工程量计为1；二是以时间"d"为单位，钻井周期计为 $T1$，完井周期计为 $T2$；三是以井深"m"为单位，钻井总井深计为 H；四是以"%"为单位，以某些项目费用为基数按百分比计取。采用概算指标中的合价除以钻井周期 $T1$、完井周期 $T2$ 或总井深 H，测算得出相关分部分项工程项目综合单价。

1.1.5.3 估算指标编号编制

估算指标编号采用"公司简称+井别+估算指标+年份+顺序号"的方式编制而成，公司简称和估算指标采用汉语拼音首写字母。

1.1.6 钻井工程参考指标编制方法

1.1.6.1 油气田参考指标编制

油气田指 D××G××× 油气田公司所属油气田，包括 AA 气田、BB 气田和 CC 气田。

油气田探井参考指标 = ∑（探井估算指标 × 探井工程量）÷ ∑探井工程量。

油气田评价井参考指标 = ∑（评价井估算指标 × 评价井工程量）÷ ∑评价井工程量。

油气田开发井参考指标 = ∑（开发井估算指标 × 开发井工程量）÷ ∑开发井工程量。

油气田综合参考指标 = ∑（探井估算指标 × 探井工程量 + 评价井估算指标 × 评价井工程量 + 开发井估算指标 × 开发井工程量）÷ ∑（探井工程量 + 评价井工程量 + 开发井工程量）。

1.1.6.2 参考指标编号编制

参考指标编号采用"公司简称+参考指标+年份+建设单位顺序号+油气田顺序号"的方式编制而成，公司简称和参考指标采用汉语拼音首写字母。

1.2 编制依据

(1) 2016—2018 年 155 口钻井工程设计、试油设计、压裂设计。
(2) 2016—2018 年 155 口钻井井史、完井总结。
(3) 2016—2018 年 155 口钻井工程预算、完井预算。
(4) 2016—2018 年 155 口钻井决算、完井决算。
(5) 2018—2019 年 5 个井场建设合同、钻采一体化工程总承包合同。
(6) 2019 年 316 组 D××G××× 油气田公司现行套管、油管、井口装置等价格。

(7) D××G××× 油气田公司《关于营改增改革工作有关事项的通知》(税价〔2016〕263号)。

(8) 2018年××××市征地地上附着物和青苗补偿标准。

1.3 其他说明

(1) 本套计价标准可用于编制中长期规划、年度投资计划、可行性研究投资估算、初步设计投资概算、单井工程预算、招标与合同签订、竣工结算和竣工决算。

(2) 若税费等政策性规定发生变化，需要及时跟踪调整。

(3) 若材料价格变化超过10%，需要及时跟踪调整。

2 钻井工程参考指标

序号	指标编号	单位	税前单位造价（元/m）				税前单井造价（万元/口）				含税单位造价（元/m）				含税单井造价（万元/口）			
			探井	评价井	开发井	综合	探井	评价井	开发井	综合	探井	评价井	开发井	综合	探井	评价井	开发井	综合
1	DG-CKZB2019	D××G××× 油气田公司	18509	15384	12328	15407	9240	7726	6169	7712	20301	16874	13522	16899	10135	8474	6766	8458
2	DG-CKZB2019001	AA气田	19823	15859	13216	16299	8557	6846	5705	7036	21742	17393	14494	17877	9385	7508	6257	7717
3	DG-CKZB2019002	BB气田	19414	15167	12134	15572	9933	7760	6208	7967	21299	16639	13312	17083	10898	8514	6811	8741
4	DG-CKZB2019003	CC气田	16289	15125	11635	14350	9230	8571	6593	8132	17864	16588	12760	15737	10123	9400	7231	8918

3 钻井工程估算指标

（共编制钻井工程估算指标10个，其基本结构一样，这里示例性给出第3个钻井工程估算指标。）

指标编号			DG-KF-GSZB2019003		
基础数据					
序号	项目	主要参数	序号	项目	主要参数
1	建设单位	D××G×××油气田公司	6	井型	水平井
2	油气田	BB气田	7	井身结构	四开
3	区块	BB34区块	8	井深（m）	5667
4	目的层	LMX组	9	钻井周期（d）	83
5	井别	开发井	10	完井周期（d）	18
税前单位造价（元/m）		12008	税前单井造价（万元/口）		6804.80
含税单位造价（元/m）		13219	含税单井造价（万元/口）		7491.06

续表

序号	项目编码	项目名称	项目特征	计量单位	工程量	综合单价（元）	税前合价（元）	税率（%）	税金（元）	含税合价（元）	比例（%）
1	G	钻井工程费		口	1		63340640		6394074	69734714	93.09
2	G1	钻前工程费		口	1		1994877	6	177634	2172511	2.90
3	G101	勘测工程费	井位测量、地质勘查、勘测设计、钻前工程设计	口	1	21800	21800	6	1308	23108	0.03
4	G102	道路工程费	新建道路、维修道路、修建桥涵	口	1	300000	300000	9	27000	327000	0.44
5	G103	井场工程费	井场、生活区修建、设备基础、池类、围堰、隔离带等构筑	口	1	455100	455100	9	40959	496059	0.66
6	G104	动迁工程费	设备动迁及钻井队动员	口	1	176277	176277	9	15865	192142	0.26
7	G105	供水工程费	场内供水＋场外供水	口	1	700000	700000	9	63000	763000	1.02
8	G106	供电工程费	场内供电＋场外供电	口	1	300000	300000	9	27000	327000	0.44
9	G107	其他作业费	钻前工程拆迁	口	1	41700	41700	6	2502	44202	0.06
10	G2	钻进工程费		口	1		32314623		3224191	35538815	47.44
11	G201	钻井作业费		口	1		11163379		1134573	12297952	16.42
12	G20101	钻井施工费	ZJ70D 钻机	d	83	95000	7916667	9	712500	8629167	11.52
13	G20102	钻井材料费	钻头、钻井液材料、生产用水	m	5667	573	3246712	13	422073	3668785	4.90
14	G202	钻井服务费		口	1		6877607		618984	7496591	10.01
15	G20201	管具服务费		口	1	1225345	1225345	9	110281	1335626	1.78
16	G20202	井控服务费		口	1	377568	377568	9	33981	411549	0.55
17	G20207	顶驱服务费		口	1	838027	838027	9	75422	913449	1.22
18	G20208	旋转导向服务费		口	1	4436667	4436667	9	399300	4835967	6.46

案例A 建设单位钻井工程计价标准体系示例

续表

序号	项目编码	项目名称	项目特征	计量单位	工程量	综合单价（元）	税前合价（元）	税率（%）	税金（元）	含税合价（元）	比例（%）
19	G203	固井作业费		口	1		8840652		1049410	9890062	13.20
20	G20301	固井施工费		口	1	1927800	1927800	9	173502	2101302	2.81
21	G20302	固井材料费	套管、套管附件、固井工具、水泥、水泥外加剂	m	5667	1162	6587664	13	856397	7444061	9.94
22	G20304	固井服务费	套管检测、水泥试验、水泥混拌、下套管服务、试压服务	口	1	325188	325188	6	19511	344699	0.46
23	G204	测井作业费	二开、三开、四开裸眼井测井+固井质量检测	口	1	1577968	1577968	6	94678	1672646	2.23
24	G205	录井作业费	综合录井+数据传输+资料整理+元素录井	口	1	680167	680167	6	40810	720977	0.96
25	G206	其他作业费	钻井废弃物运及处理	口	1	3174850	3174850	9	285737	3460587	4.62
26	G3	完井工程费		口	1		29031140		2992249	32023389	42.75
27	G302	完井作业费		口	1		3960000		331100	4291100	5.73
28	G30201	完井施工费	原钻机小钻杆通井	d	18	95000	1710000	6	102600	1812600	2.42
29	G30202	完井材料费	井口装置、油管、完井工具	口	1	650000	650000	13	84500	734500	0.98
30	G30204	完井服务费	特车、连续油管作业及下桥塞	口	1	1600000	1600000	9	144000	1744000	2.33
31	G305	射孔作业费		口	1	31647	1993740	9	179437	2173177	2.90
32	G306	测试作业费	地面计量	口	1	13000	325000	6	19500	344500	0.46
33	G307	压裂作业费		口	1		21902400		2385712	24288112	32.42
34	G30701	压前配液检测	压裂液检测	口	1	70000	70000	9	6300	76300	0.10
35	G30702	压裂施工费		口	1	10920000	10920000	9	982800	11902800	15.89

续表

序号	项目编码	项目名称	项目特征	计量单位	工程量	综合单价（元）	税前合价（元）	税率（%）	税金（元）	含税合价（元）	比例（%）
36	G30703	压裂材料费	化工料、支撑剂、压裂用水利闸板阀	口	1	10362400	10362400	13	1347112	11709512	15.63
37	G30705	微地震监测费		口	1	550000	550000	9	49500	599500	0.80
38	G309	其他作业费	返排液拉运、处理	口	1	850000	850000	9	76500	926500	1.24
39	Q	工程建设其他费		口	1		1129700		107801	1237501	1.65
40	Q1	建设管理费	钻井地质设计、钻井工程设计、压裂工程设计	口	1	251333	251333	6	15080	266413	0.36
41	Q2	工程设计费	临时用地＋长期用地	口	1	110000	110000	6	6600	116600	0.16
42	Q3	用地费	环境影响评价、环保监测、地质灾害评估、矿产压覆调查	口	1	571700	571700	13	74321	646021	0.86
43	Q4	环保管理费		口	1	196667	196667	6	11800	208467	0.28
44	Y	预备费	计算基数：钻井工程费＋工程建设其他费	%	1		1934110			2129166	2.84
45	Y1	基本预备费	计算基数：钻井工程费＋工程建设其他费	%	3		1934110			2129166	2.84
46	D	贷款利息	计算基数：（钻井工程费＋工程建设其他费＋预备费）×55%	%	4.5		1643510			1809259	2.42

4 钻井工程概算指标

(共编制钻井工程概算指标16个,其基本结构一样,这里示例性给出第3个钻井工程概算指标。)

指标编号		DG-KF-ZJZB2019003		
基础数据				
序号	项目	主要参数	序号	项目	主要参数
1	建设单位	D××G×× 油气田公司	8	井深 (m)	4950
2	油气田	BB气田	9	垂直井深 (m)	3200
3	区块	BB34区块	10	造斜点 (m)	2900
4	目的层	LMX组	11	水平位移 (m)	1850
5	井别	开发井	12	水平段长 (m)	1500
6	井型	水平井	13	压裂段数 (段)	21
7	井身结构	一开:钻头 660.4mm×50m/套管 508.0mm×48m 二开:钻头 444.5mm×700m/套管 339.7mm×698m 三开:钻头 311.1mm×2900m/套管 244.5mm×2898m 四开:钻头 215.9mm×4950m/套管 139.7mm×4945m	14	钻井周期 (d)	70
			15	完井周期 (d)	15
			16	压裂周期 (d)	25
			17	钻井设备类型	ZJ50钻机
			18	完井设备类型	ZJ50钻机(原钻机)
			19	压裂设备类型	2000型压裂车组
税前单位造价 (元/m)		12409	税前单井造价 (万元/口)		6142.41
含税单位造价 (元/m)		13672	含税单井造价 (万元/口)		6767.49

案例A 建设单位钻井工程计价标准体系示例

— 83 —

续表

序号	项目编码	项目名称	项目特征	计量单位	工程量	综合单价（元）	税前合价（元）	税率（%）	税金（元）	含税合价（元）	比例（%）
1	G	钻井工程费		口	1		57071369		5814729	62886098	92.92
2	G1	钻前工程费		口	1		1994877		177634	2172511	3.21
3	G101	勘测工程费	6口井平均分摊，钻前工程设计	口	1	21800	21800	6	1308	23108	0.03
4	G102	道路工程费	6口井平均分摊	口	1	300000	300000	9	27000	327000	0.48
5	G103	井场工程费	6口井平均分摊	口	1	455100	455100	9	40959	496059	0.73
6	G104	动迁工程费	2个平台12口井，2部钻机分摊	口	1	176277	176277	9	15865	192142	0.28
7	G105	供水工程费	场内供水＋场外供水	口	1	700000	700000	9	63000	763000	1.13
8	G106	供电工程费	场内供电＋场外供电	口	1	300000	300000	9	27000	327000	0.48
9	G107	其他作业费		口	1	41700	41700	6	2502	44202	0.07
10	G10701	工程拆迁费	道路拆迁补偿	口	1		41700	6	2502	44202	0.07
11	G2	钻进工程费		口	1		26630352		2679946	29310298	43.31
12	G201	钻井作业费		口	1		8112550		844632	8957182	13.24
13	G20101	钻井施工费		d	1		5250000		472500	5722500	8.46
14	G2010101	一开施工费		d	3	75000	225000	9	20250	245250	0.36
15	G2010102	二开施工费		d	9	75000	675000	9	60750	735750	1.09
16	G2010103	三开施工费		d	24	75000	1800000	9	162000	1962000	2.90
17	G2010104	四开施工费		d	34	75000	2550000	9	229500	2779500	4.11
18	G20102	钻井材料费		口	1		2862550		372132	3234682	4.78
19	G2010201	钻头费		口	1		762300		99099	861399	1.27

续表

序号	项目编码	项目名称	项目特征	计量单位	工程量	综合单价(元)	税前合价(元)	税率(%)	税金(元)	含税合价(元)	比例(%)
20	G201020lB001	660.4mm钻头		m	50	154	7700	13	1001	8701	0.01
21	G201020lB002	444.5mm钻头		m	650	154	100100	13	13013	113113	0.17
22	G201020lB003	311.1mm钻头		m	2200	154	338800	13	44044	382844	0.57
23	G201020lB004	215.9mm钻头		m	2050	154	315700	13	41041	356741	0.53
24	G2010202	钻井液材料费		口	1		2100250		273033	2373283	3.51
25	G201020201	一开材料费	聚合物，密度 1.07～1.15g/cm^3	m	50	155	7750	13	1008	8758	0.01
26	G201020202	二开材料费	氯化钾—聚合物，钾—聚磺，密度1.07～1.15g/cm^3	m	700	155	108500	13	14105	122605	0.18
27	G201020203	三开材料费	钾—聚磺，密度 2.05～2.13g/cm^3	m	2900	155	449500	13	58435	507935	0.75
28	G201020204	四开材料费	油基钻井液，密度 2.05～2.40g/cm^3	m	4950	310	1534500	13	199485	1733985	2.56
29	G202	钻井服务费		口	1		5843660		525929	6369589	9.41
30	G2020l	管具服务费	含88.9mm钻具一套	口	1		1084000		97560	1181560	1.75
31	G2020l0l	一开管具服务费		m	50	80	4000	9	360	4360	0.01
32	G2020l02	二开管具服务费		m	700	80	56000	9	5040	61040	0.09
33	G2020l03	三开管具服务费		m	2900	80	232000	9	20880	252880	0.37
34	G2020l04	四开管具服务费		m	4950	160	792000	9	71280	863280	1.28
35	G20202	井控服务费		口	1		316710		28504	345214	0.51
36	G2020201	一开井控服务费		d	3	3726	11178	9	1006	12184	0.02
37	G2020202	二开井控服务费		d	9	3726	33534	9	3018	36552	0.05
38	G2020203	三开井控服务费		d	24	3726	89424	9	8048	97472	0.14
39	G2020204	四开井控服务费		d	49	3726	182574	9	16432	199006	0.29

续表

序号	项目编码	项目名称	项目特征	计量单位	工程量	综合单价(元)	税前合价(元)	税率(%)	税金(元)	含税合价(元)	比例(%)
40	G20207	顶驱服务费		口	1		702950	9	63266	766216	1.13
41	G2020701	一开顶驱服务费		d	3	8270	24810	9	2233	27043	0.04
42	G2020702	二开顶驱服务费		d	9	8270	74430	9	6699	81129	0.12
43	G2020703	三开顶驱服务费		d	24	8270	198480	9	17863	216343	0.32
44	G2020704	四开顶驱服务费		d	49	8270	405230	9	36471	441701	0.65
45	G20208	旋转导向服务费	四开使用	d	34	110000	3740000	9	336600	4076600	6.02
46	G203	固井作业费		口	1		7904617	9	938331	8842948	13.07
47	G20301	固井施工费		口	1		1717800	9	154602	1872402	2.77
48	G2030101	一开固井施工	508.0mm 套管固井	m	48	200	9600	9	864	10464	0.02
49	G2030102	二开固井施工	339.7mm 套管固井	m	698	200	139600	9	12564	152164	0.22
50	G2030103	三开固井施工	244.5mm 套管固井	m	2898	200	579600	9	52164	631764	0.93
51	G2030104	四开固井施工	139.7mm 套管固井	m	4945	200	989000	9	89010	1078010	1.59
52	G20302	固井材料费		口	1		5893147	9	766109	6659256	9.84
53	G2030201	套管费		口	1		4905936	13	637772	5543708	8.19
54	G2030201B001	508.0mm 套管	壁厚 12.7mm，单重 135.44kg/m，长圆扣，钢级 J55	m	48	792	38016	13	4942	42958	0.06
55	G2030201B002	339.7mm 套管	壁厚 12.19mm，单重 97.78kg/m，长圆扣，钢级 BG110S	m	698	600	418800	13	54444	473244	0.70
56	G2030201B003	244.5mm 套管	壁厚 11.99mm，单重 68.27kg/m，长圆扣，钢级 BG110TS	m	2898	665	1927170	13	250532	2177702	3.22
57	G2030201B004	139.7mm 套管	壁厚 12.7mm，单重 37.73kg/m，VAM 扣，钢级 CBV140	m	4945	510	2521950	13	327854	2849804	4.21

续表

序号	项目编码	项目名称	项目特征	计量单位	工程量	综合单价(元)	税前合价(元)	税率(%)	税金(元)	含税合价(元)	比例(%)
58	G2030202	套管附件费		口	1		183460		23850	207310	0.31
59	G2030202B001	508.0mm 套管附件		m	48	21	1025	13	134	1159	0.00
60	G2030202B002	339.7mm 套管附件		m	698	21	14909	13	1938	16847	0.02
61	G2030202B003	244.5mm 套管附件		m	2898	21	61901	13	8047	69948	0.10
62	G2030202B004	139.7mm 套管附件		m	4945	21	105625	13	13731	119356	0.18
63	G2030204	水泥费		口	1		321900		41847	363747	0.54
64	G2030020401	一开水泥费		m	50	375	18750	13	2438	21188	0.03
65	G2030020402	二开水泥费		m	700	84	58800	13	7644	66444	0.10
66	G2030020403	三开水泥费		m	2900	45	130500	13	16965	147465	0.22
67	G2030020404	四开水泥费		m	4950	23	113850	13	14801	128651	0.19
68	G2030205	水泥外加剂费		口	1		481850		62641	544491	0.80
69	G2030020501	一开水泥外加剂费		m	50	563	28150	13	3660	31810	0.05
70	G2030020502	二开水泥外加剂费		m	700	126	88200	13	11466	99666	0.15
71	G2030020503	三开水泥外加剂费		m	2900	68	197200	13	25636	222836	0.33
72	G2030020504	四开水泥外加剂费		m	4950	34	168300	13	21879	190179	0.28
73	G20304	固井服务费		口	1		293670		17620	311290	0.46
74	G2030401	套管检测费		口	1		257670		15460	273130	0.40
75	G2030401B001	508.0mm 套管		m	48	30	1440	6	86	1526	0.00
76	G2030401B002	339.7mm 套管		m	698	30	20940	6	1256	22196	0.03

续表

序号	项目编码	项目名称	项目特征	计量单位	工程量	综合单价(元)	税前合价(元)	税率(%)	税金(元)	含税合价(元)	比例(%)
77	G2030401B003	244.5mm套管		m	2898	30	86940	6	5216	92156	0.14
78	G2030401B004	139.7mm套管		m	4945	30	148350	6	8901	157251	0.23
79	G2030405	试压服务费	井口试压	次	12	3000	36000	6	2160	38160	0.06
80	G204	测井作业费		口	1		1368125	6	82088	1450213	2.14
81	G20401	测井施工费		口	1		1243750	6	74625	1318375	1.95
82	G2040101	一次测井施工费	二开裸眼井测井	计价米	1350	28	37800	6	2268	40068	0.06
83	G2040102	二次测井施工费	339.7mm套管固井质量检测	计价米	1350	27	36450	6	2187	38637	0.06
84	G2040103	三次测井施工费	三开裸眼井测井	计价米	5100	28	142800	6	8568	151368	0.22
85	G2040104	四次测井施工费	244.5mm套管固井质量检测	计价米	5100	27	137700	6	8262	145962	0.22
86	G2040105	五次测井施工费	四开裸眼井测井(常规+元素)	计价米	7000	100	700000	6	42000	742000	1.10
87	G2040106	六次测井施工费	139.7mm套管固井质量检测	计价米	7000	27	189000	6	11340	200340	0.30
88	G20402	资料处理解释费		口	1		124375	6	7463	131838	0.19
89	G2040201	一次资料处理解释费	计算基数：一次测井施工费	%	10	37800	3780	6	227	4007	0.01
90	G2040202	二次资料处理解释费	计算基数：二次测井施工费	%	10	36450	3645	6	219	3864	0.01
91	G2040203	三次资料处理解释费	计算基数：三次测井施工费	%	10	142800	14280	6	857	15137	0.02
92	G2040204	四次资料处理解释费	计算基数：四次测井施工费	%	10	137700	13770	6	826	14596	0.02
93	G2040205	五次资料处理解释费	计算基数：五次测井施工费	%	10	700000	70000	6	4200	74200	0.11
94	G2040206	六次资料处理解释费	计算基数：六次测井施工费	%	10	189000	18900	6	1134	20034	0.03
95	G205	录井作业费		口	1		572000	6	34320	606320	0.90
96	G20501	录井施工费		口	1		572000	6	34320	606320	0.90

续表

序号	项目编码	项目名称	项目特征	计量单位	工程量	综合单价(元)	税前合价(元)	税率(%)	税金(元)	含税合价(元)	比例(%)
97	G2050101	一开录井施工费	综合录井+数据传输+资料整理	d	3	5500	16500	6	990	17490	0.03
98	G2050102	二开录井施工费	综合录井+数据传输+资料整理	d	9	5500	49500	6	2970	52470	0.08
99	G2050103	三开录井施工费	综合录井+数据传输+资料整理	d	24	5500	132000	6	7920	139920	0.21
100	G2050104	四开录井施工费	综合录井+数据传输+资料整理+元素录井	d	34	11000	374000	6	22440	396440	0.59
101	G206	其他作业费		口	1		2829400	9	254646	3084046	4.56
102	G20601	环保处理费		口	1	2829400	2829400	9	254646	3084046	4.56
103	G3	完井工程费		口	1		28446140		2957149	31403289	46.40
104	G302	完井作业费		口	1		4740000	9	418850	5158850	7.62
105	G30201	完井施工费	原钻机小钻杆通井	d	15	75000	1125000	6	67500	1192500	1.76
106	G30202	完井材料费		口	1		650000	13	84500	734500	1.09
107	G30204	井口装置费		套	1	120000	120000	13	15600	135600	0.20
108	G3020201	油管费	73.0mm油管,壁厚5.51mm	m	2800	100	280000	13	36400	316400	0.47
109	G3020202	完井施工费	指端阀	口	1	250000	250000	13	32500	282500	0.42
110	G30204	完井服务费		口	1		2965000	9	266850	3231850	4.78
111	G3020401	特车服务费	泵车、水罐车等	口	1	1100000	1100000	9	99000	1199000	1.77
112	G3020402	连续油管作业费	带压下油管	口	1	500000	500000	9	45000	545000	0.81
113	G3020403	下桥塞费	下电缆桥塞	段	21	65000	1365000	9	122850	1487850	2.20
114	G305	射孔作业费		口	1		628740	9	56587	685327	1.01
115	G30501	射孔施工费		射孔米	63	9980	628740	9	56587	685327	1.01

续表

序号	项目编码	项目名称	项目特征	计量单位	工程量	综合单价(元)	税前合价(元)	税率(%)	税金(元)	含税合价(元)	比例(%)
116	G306	测试作业费		口	1		325000	6	19500	344500	0.51
117	G30601	地面计量费		d	25	13000	325000	6	19500	344500	0.51
118	G307	压裂作业费		口	1		21902400	9	2385712	24288112	35.89
119	G30701	压前配液费	压裂液检测费	次	1	70000	70000	9	6300	76300	0.11
120	G30702	压裂施工费		段	21	520000	10920000	9	982800	11902800	17.59
121	G30703	压裂材料费	化工料、支撑剂、压裂用水利闸板阀	口	1	10362400	10362400	13	1347112	11709512	17.30
122	G30705	压裂服务费		口	1		550000	9	49500	599500	0.89
123	G3070501	微地震监测费		口	1	550000	550000	9	49500	599500	0.89
124	G309	其他作业费		口	1		850000	9	76500	926500	1.37
125	G30901	环保处理费	返排液拉运、处理	口	1	850000	850000	9	76500	926500	1.37
126	Q	工程建设其他费		口	1		1123367		107421	1230788	1.82
127	Q1	建设管理费		口	1		245000		14700	259700	0.38
128	Q101	建设单位管理费		口	1	150000	150000	6	9000	159000	0.23
129	Q102	钻井工程监督费		口	1		95000	6	5700	100700	0.15
130	Q102B001	钻前工程监理		口	1	10000	10000	6	600	10600	0.02
131	Q102B002	钻井监督		d	85	1000	85000	6	5100	90100	0.13
132	Q2	工程设计费		口	1		110000		6600	116600	0.17
133	Q201	钻井设计费		口	1		90000	6	5400	95400	0.14
134	Q20101	钻井地质设计费		口	1	30000	30000	6	1800	31800	0.05
135	Q20102	钻井工程设计费		口	1	60000	60000	6	3600	63600	0.09

续表

序号	项目编码	项目名称	项目特征	计量单位	工程量	综合单价(元)	税前合价(元)	税率(%)	税金(元)	含税合价(元)	比例(%)
136	Q202	完井设计费		口	1		20000	6	1200	21200	0.03
137	Q20204	压裂工程设计费	6口井平均分摊	口	1	20000	20000	6	1200	21200	0.03
138	Q3	用地费		口	1		571700	13	74321	646021	0.95
139	Q301	临时用地费	6口井平均分摊	口	1	151700	151700	13	19721	171421	0.25
140	Q302	长期用地费	6口井平均分摊	口	1	420000	420000	13	54600	474600	0.70
141	Q4	环保管理费		口	1		196667		11800	208467	0.31
142	Q401	环境影响评价费		次	1	150000	150000	6	9000	159000	0.23
143	Q402	环保监测费	6口井平均分摊	次	1	20000	20000	6	1200	21200	0.03
144	Q403	地质灾害评估费		次	1	10000	10000	6	600	10600	0.02
145	Q405	矿产压覆调查费		次	1	16667	16667	6	1000	17667	0.03
146	Y	预备费		口	1		1745842			1923507	2.84
147	Y1	基本预备费	计算基数：(钻井工程费+工程建设其他费)	%	3		1745842			1923507	2.84
148	D	贷款利息	计算基数：(钻井工程费+工程建设其他费+预备费)×55%	%	4.5		1483529			1634500	2.42

5 钻井工程概算定额

(共编制钻井工程概算定额16个，其基本结构一样，这里示例性给出第3个钻井工程概算定额。)

		定额编号			DG-KF-BZJ2019003	
			基础数据			
序号	项目	主要参数		序号	项目	主要参数
1	建设单位	D××G×××油气田公司		8	井深（m）	4950
2	油气田	BB气田		9	垂直井深（m）	3200
3	区块	BB34区块		10	造斜点（m）	2900
4	目的层	LMX组		11	水平位移（m）	1850
5	井别	开发井		12	水平段长（m）	1500
6	井型	水平井		13	压裂段数（段）	21
7	井身结构	一开：钻头660.4mm×50m/套管508.0mm×48m		14	钻井周期（d）	70
		二开：钻头444.5mm×700m/套管339.7mm×698m		15	完井周期（d）	15
		三开：钻头311.1mm×2900m/套管244.5mm×2898m		16	压裂周期（d）	25
		四开：钻头215.9mm×4950m/套管139.7mm×4945m		17	钻井设备类型	ZJ50钻机
				18	完井设备类型	ZJ50钻机（原钻机）
				19	压裂设备类型	2000型压裂车组

案例 A　建设单位钻井工程计价标准体系示例

续表

工程量清单

序号	项目编码	项目名称	项目特征	计量单位	工程量	备注
1	G	钻井工程		口	1	
2	G1	钻前工程		口	1	
3	G101	勘测工程	6口井平均分摊，钻前工程设计	口	1	
4	G102	道路工程	6口井平均分摊	口	1	
5	G103	井场工程	6口井平均分摊	口	1	
6	G104	动迁工程	2个平台12口井，2部钻机分摊	口	1	
7	G105	供水工程	场内供水＋场外供水	口	1	
8	G106	供电工程	场内供电＋场外供电	口	1	
9	G107	其他作业		口	1	
10	G10701	工程拆迁	道路拆迁补偿	口	1	
11	G2	钻进工程		口	1	
12	G201	钻井作业		口	1	
13	G20101	钻井施工		口	1	
14	G2010101	一开施工		d	3	
15	G2010102	二开施工		d	9	
16	G2010103	三开施工		d	24	
17	G2010104	四开施工		d	34	
18	G20102	钻井材料		口	1	
19	G2010201	钻头		口	1	

续表

序号	项目编码	项目名称	项目特征	计量单位	工程量	备注
20	G2010201B001	660.4mm钻头		m	50	
21	G2010201B002	444.5mm钻头		m	650	
22	G2010201B003	311.1mm钻头		m	2200	
23	G2010201B004	215.9mm钻头		m	2050	
24	G2010202	钻井液材料		口	1	
25	G201020201	一开材料	聚合物，密度 $1.07\sim1.15g/cm^3$	m	50	
26	G201020202	二开材料	氯化钾—聚合物，钾—聚磺，密度 $1.07\sim1.15g/cm^3$	m	700	
27	G201020203	三开材料	钾—聚磺，密度 $2.05\sim2.13g/cm^3$	m	2900	
28	G201020204	四开材料	油基钻井液，密度 $2.05\sim2.40g/cm^3$	m	4950	
29	G2010202	钻具服务		口	1	
30	G20201	管具服务		口	1	
31	G2020101	一开管具服务		m	50	
32	G2020102	二开管具服务		m	700	
33	G2020103	三开管具服务		m	2900	
34	G2020104	四开管具服务	含88.9mm钻具一套	m	4950	
35	G20202	井控服务		口	1	
36	G2020201	一开井控服务		d	3	
37	G2020202	二开井控服务		d	9	
38	G2020203	三开井控服务		d	24	

续表

序号	项目编码	项目名称	项目特征	计量单位	工程量	备注
39	G2020204	四开井控服务		d	49	
40	G20207	顶驱服务		口	1	
41	G2020701	一开顶驱服务		d	3	
42	G2020702	二开顶驱服务		d	9	
43	G2020703	三开顶驱服务		d	24	
44	G2020704	四开顶驱服务		d	49	
45	G20208	旋转导向服务	四开使用	d	34	
46	G203	固井作业		口	1	
47	G20301	固井施工		口	1	
48	G2030101	一开固井施工	508.0mm 套管固井	m	48	
49	G2030102	二开固井施工	339.7mm 套管固井	m	698	
50	G2030103	三开固井施工	244.5mm 套管固井	m	2898	
51	G2030104	四开固井施工	139.7mm 套管固井	m	4945	
52	G20302	固井材料		口	1	
53	G2030201	套管		口	1	
54	G2030201B001	508.0mm 套管	壁厚 12.7mm，单重 135.44kg/m，长圆扣，钢级 J55	m	48	
55	G2030201B002	339.7mm 套管	壁厚 12.19mm，单重 97.78kg/m，长圆扣，钢级 BG110S	m	698	
56	G2030201B003	244.5mm 套管	壁厚 11.99mm，单重 68.27kg/m，长圆扣，钢级 BG110TS	m	2898	
57	G2030201B004	139.7mm 套管	壁厚 12.7mm，单重 37.73kg/m，VAM 扣，钢级 CBV140	m	4945	

续表

序号	项目编码	项目名称	项目特征	计量单位	工程量	备注
58	G2030202	套管附件		口	1	
59	G2030202B001	508.0mm套管附件		m	48	
60	G2030202B002	339.7mm套管附件		m	698	
61	G2030202B003	244.5mm套管附件		m	2898	
62	G2030202B004	139.7mm套管附件		m	4945	
63	G2030204	水泥		口	1	
64	G2030020401	一开水泥		m	50	
65	G2030020402	二开水泥		m	700	
66	G2030020403	三开水泥		m	2900	
67	G2030020404	四开水泥		m	4950	
68	G2030205	水泥外加剂		口	1	
69	G2030020501	一开水泥外加剂		m	50	
70	G2030020502	二开水泥外加剂		m	700	
71	G2030020503	三开水泥外加剂		m	2900	
72	G2030020504	四开水泥外加剂		m	4950	
73	G20304	固井服务		口	1	
74	G2030401	套管检测		口	1	
75	G2030401B001	508.0mm套管		m	48	
76	G2030401B002	339.7mm套管		m	698	

续表

序号	项目编码	项目名称	项目特征	计量单位	工程量	备注
77	G2030401B003	244.5mm套管		m	2898	
78	G2030401B004	139.7mm套管		m	4945	
79	G2030405	试压服务	井口试压	次	12	
80	G204	测井作业		口	1	
81	G20401	测井施工		口	1	
82	G2040101	一次测井施工	二开裸眼井测井	计价米	1350	
83	G2040102	二次测井施工	339.7mm套管固井质量检测	计价米	1350	
84	G2040103	三次测井施工	三开裸眼井测井	计价米	5100	
85	G2040104	四次测井施工	244.5mm套管固井质量检测	计价米	5100	
86	G2040105	五次测井施工	四开裸眼井测井（常规＋元素）	计价米	7000	
87	G2040106	六次测井施工	139.7mm套管固井质量检测	计价米	7000	
88	G20402	资料处理解释		口	1	
89	G2040201	一次资料处理解释	计算基数：一次测井施工费	%	10	
90	G2040202	二次资料处理解释	计算基数：二次测井施工费	%	10	
91	G2040203	三次资料处理解释	计算基数：三次测井施工费	%	10	
92	G2040204	四次资料处理解释	计算基数：四次测井施工费	%	10	
93	G2040205	五次资料处理解释	计算基数：五次测井施工费	%	10	
94	G2040206	六次资料处理解释	计算基数：六次测井施工费	%	10	
95	G205	录井作业		口	1	

续表

序号	项目编码	项目名称	项目特征	计量单位	工程量	备注
96	G20501	录井施工		口	1	
97	G2050101	一开录井施工	综合录井＋数据传输＋资料整理	d	3	
98	G2050102	二开录井施工	综合录井＋数据传输＋资料整理	d	9	
99	G2050103	三开录井施工	综合录井＋数据传输＋资料整理	d	24	
100	G2050104	四开录井施工	综合录井＋数据传输＋资料整理＋元素录井	d	34	
101	G206	其他作业		口	1	
102	G20601	环保处理		口	1	
103	G3	完井工程		口	1	
104	G302	完井作业		口	1	
105	G30201	完井施工	原钻机小钻杆通井	d	15	
106	G30202	完井材料		口	1	
107	G3020201	井口装置	73.0mm油管，壁厚5.51mm	套	1	
108	G3020202	油管	指端阀	m	2800	
109	G30204	完井工具		口	1	
110	G30204	完井服务		口	1	
111	G3020401	特车服务	泵车，水罐车等	口	1	
112	G3020402	连续油管作业	带压下油管	口	1	
113	G3020403	下桥塞	下电缆桥塞	段	21	
114	G305	射孔作业		口	1	

续表

序号	项目编码	项目名称	项目特征	计量单位	工程量	备注
115	G30501	射孔施工		射孔米	63	
116	G306	测试作业		口	1	
117	G30601	地面计量		d	25	
118	G307	压裂作业		口	1	
119	G30701	压前配液	压裂液检测费	次	1	
120	G30702	压裂施工		段	21	
121	G30703	压裂材料	化工料、支撑剂、压裂用水和闸板阀	口	1	
122	G30705	压裂服务		口	1	
123	G3070501	微地震监测		口	1	
124	G309	其他作业	返排液拉运、处理	口	1	
125	G30901	环保处理		口	1	
126	Q	工程建设其他		口	1	
127	Q1	建设管理		口	1	
128	Q101	建设单位管理		口	1	
129	Q102	钻井工程监督		口	1	
130	Q102B001	钻前工程监理		d	85	
131	Q102B002	钻井监督		口	1	
132	Q2	工程设计		口	1	
133	Q201	钻井设计		口	1	

续表

序号	项目编码	项目名称	项目特征	计量单位	工程量	备注
134	Q20101	钻井地质设计		口	1	
135	Q20102	钻井工程设计		口	1	
136	Q202	完井设计		口	1	
137	Q20204	压裂工程设计	6口井平均分摊	口	1	
138	Q3	用地		口	1	
139	Q301	临时用地	6口井平均分摊	口	1	
140	Q302	长期用地	6口井平均分摊	口	1	
141	Q4	环保管理		次	1	
142	Q401	环境影响评价	6口井平均分摊	次	1	
143	Q402	环保监测		次	1	
144	Q403	地质灾害评估		次	1	
145	Q405	矿产压覆调查		次	1	

案例 A　建设单位钻井工程计价标准体系示例

6　钻井工程预算定额

6.1　钻前工程预算定额

序号	定额编号	项目名称	项目特征	计量单位	综合单价	备注
1	DG-YSDE2019-G101-001	勘测工程	6 口井平均分摊，钻前设计	元/口	21800	
2	DG-YSDE2019-G102-001	道路工程	6 口井平均分摊	元/口	300000	
3	DG-YSDE2019-G103-001	井场工程	6 口井平均分摊	元/口	455100	
4	DG-YSDE2019-G104-001	动迁工程	2 个平台 12 口井，2 部钻机分摊	元/口	176277	
5	DG-YSDE2019-G105-001	供水工程	场内供水 + 场外供水	元/口	700000	
6	DG-YSDE2019-G106-001	供电工程	场内供电 + 场外供电	元/口	300000	
7	DG-YSDE2019-G107-001	工程拆迁	道路拆迁补偿	元/口	41700	

6.2　钻进工程预算定额

序号	定额编号	项目名称	项目特征	计量单位	综合单价	备注
1	DG-YSDE2019-G20101-001	钻井施工	ZJ70 钻机	元/d	95000	
2	DG-YSDE2019-G20101-002	钻井施工	ZJ50 钻机	元/d	75000	
3	DG-YSDE2019-G2010201-001	钻头		元/m	154	
4	DG-YSDE2019-G2010202-001	钻井液材料	普通钻井液	元/m	155	

— 101 —

续表

序号	定额编号	项目名称	项目特征	计量单位	综合单价	备注
5	DG-YSDE2019-G2010202-002	钻井液材料	油基钻井液	元/m	310	
6	DG-YSDE2019-G20201-001	管具服务	一开、二开、三开	元/m	80	
7	DG-YSDE2019-G20201-002	管具服务	四开，含88.9mm钻具一套	元/m	160	
8	DG-YSDE2019-G20202-001	井控服务	一开、二开、三开、四开	元/d	3726	
9	DG-YSDE2019-G20207-001	顶驱服务	一开、二开、三开、四开	元/d	8270	
10	DG-YSDE2019-G20208-001	旋转导向服务	四开	元/m	110000	
11	DG-YSDE2019-G20301-001	固井施工	一开、二开、三开、四开	元/m	200	
12	DG-YSDE2019-G2030201-001	508.0mm套管	壁厚12.7mm，单重135.44kg/m，长圆扣，钢级J55	元/m	792	
13	DG-YSDE2019-G2030201-002	339.7mm套管	壁厚12.19mm，单重97.78kg/m，长圆扣，钢级BG110S	元/m	600	
14	DG-YSDE2019-G2030201-003	244.5mm套管	壁厚11.99mm，单重68.27kg/m，长圆扣，钢级BG110TS	元/m	665	
15	DG-YSDE2019-G2030201-004	139.7mm套管	壁厚12.7mm，单重37.73kg/m，VAM扣，钢级CBV140	元/m	510	
16	DG-YSDE2019-G2030202-001	508.0mm套管附件		元/m	21.36	
17	DG-YSDE2019-G2030202-002	339.7mm套管附件		元/m	21.36	
18	DG-YSDE2019-G2030202-003	244.5mm套管附件		元/m	21.36	
19	DG-YSDE2019-G2030202-004	139.7mm套管附件		元/m	21.36	
20	DG-YSDE2019-G2030204-001	一开水泥		元/m	375	
21	DG-YSDE2019-G2030204-002	二开水泥		元/m	84	
22	DG-YSDE2019-G2030204-003	三开水泥		元/m	45	

案例A　建设单位钻井工程计价标准体系示例

续表

序号	定额编号	项目名称	项目特征	计量单位	综合单价	备注
23	DG-YSDE2019-G2030204-004	四开水泥		元/m	23	
24	DG-YSDE2019-G2030205-001	一开水泥外加剂		元/m	563	
25	DG-YSDE2019-G2030205-002	二开水泥外加剂		元/m	126	
26	DG-YSDE2019-G2030205-003	三开水泥外加剂		元/m	68	
27	DG-YSDE2019-G2030205-004	四开水泥外加剂		元/m	34	
28	DG-YSDE2019-G2030401-001	套管检测		元/m	30	
29	DG-YSDE2019-G2030405-001	零星作业	井口试压	元/次	3000	
30	DG-YSDE2019-G20401-001	测井施工	国产成像测井，裸眼井测井	元/计价米	28	
31	DG-YSDE2019-G20401-002	测井施工	四开裸眼井测井（常规+元素）	元/计价米	100	
32	DG-YSDE2019-G20401-003	测井施工	固井质量检测	元/计价米	27	
33	DG-YSDE2019-G20402-001	资料处理解释	以测井施工费为基数	%	10	
34	DG-YSDE2019-G20501-001	录井施工	综合录井+数据传输+资料整理	元/d	5500	
35	DG-YSDE2019-G20501-002	录井施工	综合录井+数据传输+资料整理+元素录井	元/d	11000	
36	DG-YSDE2019-G20601-001	环保处理		元/口	2829400	

6.3 完井工程预算定额

序号	定额编号	项目名称	项目特征	计量单位	综合单价	备注
1	DG-YSDE2019-G30201-001	完井施工	原钻机小钻杆通井，ZJ50钻机	元/d	75000	
2	DG-YSDE2019-G3020201-001	井口装置		元/套	120000	
3	DG-YSDE2019-G3020202-001	油管	73.02mm油管，壁厚5.51mm	元/m	100	
4	DG-YSDE2019-G3020204-001	完井工具	指端阀等	元/口	250000	
5	DG-YSDE2019-G3020401-001	特车服务	泵车，水罐车等	元/口	1100000	
6	DG-YSDE2019-G3020402-001	连续油管作业	带压下油管	元/口	500000	
7	DG-YSDE2019-G3020403-001	下桥塞	下电缆桥塞	元/段	65000	
8	DG-YSDE2019-G30501-001	射孔施工		元/射孔米	9980	
9	DG-YSDE2019-G30601-001	地面计量		元/d	13000	
10	DG-YSDE2019-G30701-001	压前配液	压裂液检测	元/次	70000	
11	DG-YSDE2019-G30702-001	压裂施工		元/段	520000	
12	DG-YSDE2019-G30703-001	压裂材料	化工料、支撑剂，压裂用水和闸板阀	元/口	10362400	
13	DG-YSDE2019-G3070501-001	微地震监测		元/口	550000	
14	DG-YSDE2019-G30901-001	环保处理	返排液拉运、处理	元/口	850000	

7 工程建设其他定额

序号	定额编号	项目名称	项目特征	计量单位	综合单价	备注
1	DG–QTDE2019–Q101–001	建设单位管理		元/口	150000	
2	DG–QTDE2019–Q102–001	钻前工程监理		元/口	10000	
3	DG–QTDE2019–Q102–002	钻井监督		元/d	1000	
4	DG–QTDE2019–Q20101–001	钻井地质设计		元/口	30000	
5	DG–QTDE2019–Q20102–001	钻井工程设计		元/口	60000	
6	DG–QTDE2019–Q20204–001	压裂工程设计	6口井平均分摊	元/口	20000	
7	DG–QTDE2019–Q301–001	临时用地	6口井平均分摊	元/口	151700	
8	DG–QTDE2019–Q302–001	长期用地	6口井平均分摊	元/口	420000	
9	DG–QTDE2019–Q401–001	环境影响评价		元/次	150000	
10	DG–QTDE2019–Q402–001	安全评价	6口井平均分摊	元/次	20000	
11	DG–QTDE2019–Q403–001	地质灾害评估		元/口	10000	
12	DG–QTDE2019–Q405–001	矿产压覆调查		元/次	16667	
13	DG–QTDE2019–Y1–001	基本预备费	计算基数：钻井工程费 + 工程建设其他费	%	3	
14	DG–QTDE2019–D–001	贷款利息	计算基数：(钻井工程费 + 工程建设其他费 + 预备费) × 55%	%	4.5	
15	DG–QTDE2019–S–001	增值税率	地质勘探、测录试井、试油(气)及其他类的设计、检测、计量、监督及风险作业服务	%	6	
16	DG–QTDE2019–S–002	增值税率	钻井、固井、井下作业、风险作业服务	%	9	
17	DG–QTDE2019–S–003	增值税率	其他类的租赁生产所需的仪器、材料、设备	%	13	

案例A　建设单位钻井工程计价标准体系示例

案例 B 施工单位钻井工程计价标准体系示例

C×××Q××× 钻探公司
钻井工程计价标准
（2019 年）

编制单位：××××××

主管部门：××××××

批　　准：××××××

2019 年 9 月

C××Q××× 钻探公司
钻井工程计价标准
（2019 年）

主　　编：×××

编制人员：×××　×××　×××

审　　核：×××　×××

批　　准：×××

2019 年 9 月

目 录

1 编制说明 ……………………………………………………… 109

2 钻井工程概算指标 …………………………………………… 112

3 钻井工程概算定额 …………………………………………… 117

4 钻井工程预算定额 …………………………………………… 122

5 钻井工程费用定额 …………………………………………… 131

6 钻井工程消耗定额 …………………………………………… 136

7 钻井工程基础定额 …………………………………………… 137

8 工程建设其他定额 …………………………………………… 139

1 编制说明

1.1 编制方法

1.1.1 钻井工程基础定额编制方法

1.1.1.1 基础定额编制

（1）生产组织定额采用2016—2018年实际统计参数，剔除异常因素后加权平均确定。

（2）生产条件定额根据本油气区实际情况，按照开发部门相关规定和现行定额确定。

1.1.1.2 基础定额编号编制

基础定额编号采用"公司简称+基础定额+年份+序号"的方式编制而成，公司简称和基础定额采用汉语拼音首写字母。

1.1.2 钻井工程消耗定额编制方法

1.1.2.1 消耗定额编制

（1）钻井施工消耗定额采用2016—2018年实际统计参数，剔除异常因素后加权平均确定，其中，等停消耗定额采用专家经验法确定。

（2）固井施工消耗定额参考2016—2018年实际统计参数，并按标准化车组配套后测算确定。

1.1.2.2 消耗定额编号编制

消耗定额编号采用"公司简称+消耗定额+年份+清单项目编码+序号"的方式编制而成，公司简称和消耗定额采用汉语拼音首写字母。

1.1.3 钻井工程费用定额编制方法

1.1.3.1 费用定额编制

（1）人工费定额采用基础定额中的队年人工费除以年有效工作时间或年有效工作量确定。

（2）设备费定额采用基础定额中的年折旧、年修理费和年摊销分别除以年有效工作时间或年有效工作量确定。

（3）消耗定额对应的材料价格采用现行合同价格或供应价格确定。其他材料费定额采用2016—2018年实际统计数据加权平均确定。

（4）其他直接费采用2016—2018年实际统计数据加权平均确定。

（5）企业管理费采用2016—2018年实际统计数据按照工程直接费比例取整确定。

（6）工程风险费参考2016—2018年实际统计数据并经专家研究确定。

（7）利润参考年度考核指标并经相关部门研究确定。

1.1.3.2 费用定额编号编制

费用定额编号采用"公司简称+费用定额+年份+费用项目简称+单项工程清单代码+序号"的方式编制而成，公司简称和费用定额采用汉语拼音首写字母。

1.1.4 钻井工程预算定额编制方法

1.1.4.1 预算定额编制

（1）设备拆安预算定额和运输预算定额采用现行预算定额。

（2）钻井队动员预算定额采用钻井施工预算定额中等停综合单价确定。

（3）钻井施工预算定额采用费用定额编制，其中材料费采用消耗定额乘以费用定额中的相应综合单价确定。

（4）钻井材料预算定额和运输预算定额采用现行预算定额和有关综合单价编制。

（5）固井施工预算定额采用费用定额编制，其中材料费采用消耗定额乘以费用定额中的相应综合单价确定。

（6）录井施工预算定额采用费用定额编制。

1.1.4.2 预算定额编号编制

预算定额编号采用"公司简称+预算定额+年份+清单项目编码+顺序号"的方式编制而成，公司简称和预算定额采用汉语拼音首写字母。

1.1.5 工程建设其他定额编制方法

1.1.5.1 工程建设其他定额编制

（1）钻井工程监督定额采用现行有关合同价格确定。

（2）工程设计定额采用现行预算定额。

（3）增值税定额根据国家有关规定由财务部门确定。

1.1.5.2 工程建设其他定额编号编制

工程建设其他定额编号采用"公司简称+其他定额+年份+清单项目编码+顺序号"的方式编制而成，公司简称和其他定额采用汉语拼音首写字母。

1.1.6 钻井工程概算定额编制方法

1.1.6.1 基础数据编制

按区块、井别、井型分析2016—2018年所钻的155口井钻井工程主要参数，根据区块、井别、井型、井身结构、完井方式、井深区间、钻井周期等关键参数分析得出16个样本组，并在每个样本组中选出1口典型井，其井深和钻井周期最接近标准井的井深、钻井周期。以典型井工程参数为主，并参考样本组其他井的相关参数，编制出基础数据。

1.1.6.2 工程量清单编制

以典型井工程工程量为主，并参考样本组其他井的工程量，编制出标准井的工程量消耗标准。

1.1.6.3 概算定额编号编制

概算定额编号采用"公司简称+井别+标准井+年份+序号"的方式进行命名，公司简称、井别和标准井采用汉语拼音首写字母。

1.1.7 钻井工程概算指标编制方法

1.1.7.1 基础数据编制

工程参数直接采用概算定额中的基础数据确定。单井造价=钻井工程费+工程建设其他费。单位造价=（钻井工程费+工程建设其他费）÷井深。税前指未计算增值税，含税指已计算增值税。

1.1.7.2 工程量清单计价编制

工程量清单计价按下述方法测算得出：

(1) 钻井工程费=钻前工程费+钻进工程费。

钻前工程费=勘测工程费+道路工程费+井场工程费+动迁工程费+供水工程费+供电工程费+其他作业费；

钻进工程费=钻井作业费+钻井服务费+固井作业费+测井作业费+录井作业费+其他作业费。

(2) 工程建设其他费=建设管理费+工程设计费。

(3) 规定计量单位工程费=工程量×综合单价。

钻井工程量采用概算定额中工程量定额确定。概算指标中钻井工程综合单价采用预算定额和工程建设其他定额中综合单价确定。增值税税率由工程建设其他定额中的增值税定额确定。税金采用税前合价乘以税率确定。采用各个分部分项工程含税合价除以含税单井造价，计算各个分部分项工程造价占单井造价的比例。

1.1.7.3 概算指标编号编制

概算指标编号采用"公司简称+井别+钻井指标+年份+顺序号"的方式编制而成，公司简称和钻井指标采用汉语拼音首写字母。

1.2 编制依据

(1) 2016—2018年155口井的钻井井史、施工设计、工程总结。

(2) 2016—2018年155口井的实际单井成本。

(3) 2016—2018年每支钻井施工队伍实际工作量和成本。

(4) 2019年现行相关企业定额。

(5) 2019年材料供应价格、相关服务合同价格。

(6) 2019年税费有关规定。

1.3 其他说明

(1) 若税费等政策性规定发生变化，需要及时跟踪调整。

(2) 若材料价格变化超过10%，需要及时跟踪调整。

2 钻井工程概算指标

(共编制钻井工程概算指标16个,其基本结构一样,这里示例性给出第3个钻井工程概算指标。)

指标编号		CQ-KF-ZJZB2019003		
基础数据				
序号	项目	主要参数	序号	项目	主要参数

序号	项目	主要参数	序号	项目	主要参数
1	施工单位	C××Q×××钻探公司	8	井深 (m)	5500
2	油气田	CC气田	9	垂直井深 (m)	3750
3	区块	CC56	10	造斜点 (m)	3450
4	目的层	LMX 组	11	水平位移 (m)	1850
5	井别	开发井	12	水平段长 (m)	1500
6	井型	水平井	13	压裂段数 (段)	76
7	井身结构	一开:钻头 660.4mm×50m/套管 508.0mm×48m	14	钻井周期 (d)	
		二开:钻头 444.5mm×900m/套管 339.7mm×898m	15	完井周期 (d)	
		三开:钻头 311.1mm×2900m/套管 244.5mm×2898m	16	压裂周期 (d)	
		四开:钻头 215.9mm×5500m/套管 139.7mm×5495m	17	钻井设备类型	ZJ70 钻机
			18	完井设备类型	
			19	压裂设备类型	
税前单位造价 (元/m)		2911	税前单井造价 (万元/口)		1600.91
含税单位造价 (元/m)		3203	含税单井造价 (万元/口)		1761.59

— 112 —

续表

工程量清单计价

序号	项目编码	项目名称	项目特征	计量单位	工程量	综合单价（元）	税前合价（元）	税率（%）	税金（元）	含税合价（元）	比例（%）
1	G	钻井工程费		口	1		15842306		1596771	17439077	99.00
2	G1	钻前工程费		口	1		312024		28082	340106	1.93
3	G104	动迁工程费		口	1		312024		28082	340106	1.93
4	G10401	设备拆安费		次	1	64300	64300	9	5787	70087	0.40
5	G10402	设备运移费		次	1	58050	58050	9	5225	63275	0.36
6	G10403	钻井队动员费		d	3	63224.52	189674	9	17071	206744	1.17
7	G2	钻进工程费		口	1		15530282		1568689	17098971	97.07
8	G201	钻井作业费		口	1		14045568		1457898	15503466	88.01
9	G20101	钻井施工费		d	3		9087034		817833	9904867	56.23
10	G2010101	一开施工费		d	3	119566.24	358699	9	32283	390982	2.22
11	G2010102	二开施工费		d	11	119566.24	1315229	9	118371	1433599	8.14
12	G2010103	三开施工费		d	23	119566.24	2750024	9	247502	2997526	17.02
13	G2010104	四开施工费		d	39	119566.24	4663083	9	419678	5082761	28.85
14	G20102	钻井材料费		口	1		4844909		629838	5474747	31.08
15	G2010201	钻头费		口	1		916245		119112	1035357	5.88
16	G2010201B001	660.4mm钻头	LR117	只	0.2	70546.66	14109	13	1834	15944	0.09
17	G2010201B002	444.5mm钻头	ES1655B	只	2	167969.06	335938	13	43672	379610	2.15
18	G2010201B003	311.1mm钻头	GS1605TQ	只	2	128832.40	257665	13	33496	291161	1.65
19	G2010201B004	311.1mm钻头	MD537	只	1	108713.8	108714	13	14133	122847	0.70

钻井工程全过程工程量清单计价标准

续表

序号	项目编码	项目名称	项目特征	计量单位	工程量	综合单价(元)	税前合价(元)	税率(%)	税金(元)	含税合价(元)	比例(%)
20	G2010201B005	215.9mm 钻头	HJS617GL	只	2	25087.38	50175	13	6523	56697	0.32
21	G2010201B006	215.9mm 钻头	MD9535H	只	2	74822.15	149644	13	19454	169098	0.96
22	G2010202	钻井液材料费		口	1		3916696		509170	4425866	25.12
23	G2010202B001	膨润土		t	28	818.85	22928	13	2981	25908	0.15
24	G2010202B002	有机土		t	14	12009.80	168137	13	21858	189995	1.08
25	G2010202B003	纯碱	Na_2CO_3	t	3	1583.11	4749	13	617	5367	0.03
26	G2010202B004	烧碱	NaOH	t	1.3	1965.24	2555	13	332	2887	0.02
27	G2010202B005	重晶石	$BaSO_4$	t	1200	1288.32	1545984	13	200978	1746962	9.92
28	G2010202B006	除氧剂		t	1.5	2729.50	4094	13	532	4627	0.03
29	G2010202B007	杀菌剂		t	1.5	8865.42	13298	13	1729	15027	0.09
30	G2010202B008	白油		t	225	1179.14	265307	13	34490	299797	1.70
31	G2010202B009	主乳化剂		t	15	16704.54	250568	13	32574	283142	1.61
32	G2010202B010	辅乳化剂		t	12	12937.83	155254	13	20183	175437	1.00
33	G2010202B011	降滤失剂		t	15	13276.29	199144	13	25889	225033	1.28
34	G2010202B012	聚丙烯酰胺钾盐	KPAM	t	2.1	8581.55	18021	13	2343	20364	0.12
35	G2010202B013	两性离子聚合物强包被剂	FA367	t	1.5	13429.14	20144	13	2619	22762	0.13
36	G2010202B014	羧甲基纤维素钠	CMC-HV	t	0.4	10781.53	4313	13	561	4873	0.03
37	G2010202B015	黄原胶	XCD	t	0.6	9960.49	5976	13	777	6753	0.04
38	G2010202B016	低黏聚阴离子纤维素	PAC-LV	t	8	12948.75	103590	13	13467	117057	0.66

续表

序号	项目编码	项目名称	项目特征	计量单位	工程量	综合单价（元）	税前合价（元）	税率（%）	税金（元）	含税合价（元）	比例（%）
39	G2010202B017	羧甲基淀粉	CMS	t	11	10202.87	112232	13	14590	126822	0.72
40	G2010202B018	防塌润滑剂	FRH	t	28	13047.01	365316	13	47491	412807	2.34
41	G2010202B019	氯化钾	KCl	t	32	4236.18	135558	13	17623	153180	0.87
42	G2010202B020	氯化钙	$CaCl_2$	t	15	889.82	13347	13	1735	15082	0.09
43	G2010202B021	氧化钙	CaO	t	9	471.66	4245	13	552	4797	0.03
44	G2010202B022	两性离子聚合物降黏剂	XY-27	t	1.5	13079.76	19620	13	2551	22170	0.13
45	G2010202B023	润湿剂		t	10	16606.28	166063	13	21588	187651	1.07
46	G2010202B024	除硫剂		t	4	10893.98	43576	13	5665	49241	0.28
47	G2010202B025	封堵剂		t	15	12719.47	190792	13	24803	215595	1.22
48	G2010202B026	流型调节剂		t	6	13647.50	81885	13	10645	92530	0.53
49	G2010203	生产用水费		m^3	1496	8	11968	13	1556	13524	0.08
50	G20103	钻井材料运输费		口	1		113625		10227	123852	0.70
51	G20103B001	钻井材料、管具运输		t·km	89000	0.55	48950	9	4406	53356	0.30
52	G20103B002	油料、生产用水运输		m^3·km	99500	0.65	64675	9	5821	70496	0.40
53	G203	固井作业费		口	1		723587		65123	788709	4.48
54	G20301	固井施工费		口	1		723587		65123	788709	4.48
55	G2030101	一次固井施工费	一开 508.0mm 套管固井	次	1	180896.63	180897	9	16281	197177	1.12
56	G2030102	二次固井施工费	二开 339.7mm 套管固井	次	1	180896.63	180897	9	16281	197177	1.12

钻井工程全过程工程量清单计价标准

续表

序号	项目编码	项目名称	项目特征	计量单位	工程量	综合单价（元）	税前合价（元）	税率（%）	税金（元）	含税合价（元）	比例（%）
57	G2030103	三次固井施工费	三开244.5mm套管固井	次	1	180896.63	180897	9	16281	197177	1.12
58	G2030104	四次固井施工费	四开139.7mm套管固井	次	1	180896.63	180897	9	16281	197177	1.12
59	G205	录井作业费		口	1		761128	6	45668	806795	4.58
60	G20501	录井施工费		口	1		761128	6	45668	806795	4.58
61	G2050101	一开录井施工费	地质录井	d	3	5366.22	16099	6	966	17065	0.10
62	G2050102	二开录井施工费	地质录井	d	11	5366.22	59028	6	3542	62570	0.36
63	G2050103	三开录井施工费	气测录井	d	23	8769.26	201693	6	12102	213795	1.21
64	G2050104	四开录井施工费	综合录井	d	39	12418.14	484307	6	29058	513366	2.91
65	Q	工程建设其他费		口	1		166800		10008	176808	1.00
66	Q1	建设管理费		口	1		136800	6	8208	145008	0.82
67	Q102	钻井工程监督费		口	1		136800	6	8208	145008	0.82
68	Q102B001	钻井监督费		d	76	1000	76000	6	4560	80560	0.46
69	Q102B002	地质监督费		d	76	800	60800	6	3648	64448	0.37
70	Q2	工程设计费		口	1		30000		1800	31800	0.18
71	Q201	钻井设计费		口	1		30000		1800	31800	0.18
72	Q20104	钻井施工设计费		口	1	30000	30000		1800	31800	0.18

3 钻井工程概算定额

（共编制钻井工程概算定额16个，其基本结构一样，这里示例性给出第3个钻井工程概算定额。）

定额编号		CQ-KF-BZJ2019003		
基础数据				
序号	项目	主要参数	序号	项目	主要参数
1	施工单位	C××Q×××钻探公司	8	井深 (m)	5500
2	油气田	CC气田	9	垂直井深 (m)	3750
3	区块	CC56	10	造斜点 (m)	3450
4	目的层	LMX组	11	水平位移 (m)	1850
5	井别	开发井	12	水平段长 (m)	1500
6	井型	水平井	13	压裂段数 (段)	
7	井身结构	一开：钻头 660.4mm×50m/套管 508.0mm×48m 二开：钻头 444.5mm×900m/套管 339.7mm×898m 三开：钻头 311.1mm×2900m/套管 244.5mm×2898m 四开：钻头 215.9mm×5500m/套管 139.7mm×5495m	14	钻井周期 (d)	76
			15	完井周期 (d)	
			16	压裂周期 (d)	
			17	钻井设备	ZJ70钻机
			18	完井设备	
			19	压裂设备	

续表

工程量清单

序号	项目编码	项目名称	项目特征	计量单位	工程量	备注
1	G	钻井工程		口	1	
2	G1	钻前工程		口	1	
3	G104	动迁工程		次	1	
4	G10401	设备拆安		次	1	
5	G10402	设备运移		d	3	
6	G10403	钻井队动员		口	1	
7	G2	钻进工程		口	1	
8	G201	钻井作业		d	3	
9	G20101	钻井施工		d	11	
10	G2010101	一开施工		d	23	
11	G2010102	二开施工		d	39	
12	G2010103	三开施工		口	1	
13	G2010104	四开施工		口	1	
14	G20102	钻井材料		只	0.2	
15	G2010201	钻头		只	2	
16	G2010201B001	660.4mm钻头	LR117	只	2	
17	G2010201B002	444.5mm钻头	ES1655B			
18	G2010201B003	311.1mm钻头	GS1605TQ			

案例 B 施工单位钻井工程计价标准体系示例

续表

序号	项目编码	项目名称	项目特征	计量单位	工程量	备注
19	G2010201B004	311.1mm 钻头	MD537	只	1	
20	G2010201B005	215.9mm 钻头	HJS617GL	只	2	
21	G2010201B006	215.9mm 钻头	MD9535H	只	2	
22	G2010202	钻井液材料		口	1	
23	G2010202B001	膨润土		t	28	
24	G2010202B002	有机土		t	14	
25	G2010202B003	纯碱	Na_2CO_3	t	3	
26	G2010202B004	烧碱	NaOH	t	1.3	
27	G2010202B005	重晶石	$BaSO_4$	t	1200	
28	G2010202B006	除氧剂		t	1.5	
29	G2010202B007	杀菌剂		t	1.5	
30	G2010202B008	白油		t	225	
31	G2010202B009	主乳化剂		t	15	
32	G2010202B010	辅乳化剂		t	12	
33	G2010202B011	降滤失剂		t	15	
34	G2010202B012	聚丙烯酰胺钾盐	KPAM	t	2.1	
35	G2010202B013	两性离子聚合物强包被剂	FA367	t	1.5	
36	G2010202B014	羧甲基纤维素钠	CMC–HV	t	0.4	
37	G2010202B015	黄原胶	XCD	t	0.6	

续表

序号	项目编码	项目名称	项目特征	计量单位	工程量	备注
38	G2010202B016	低黏聚阴离子纤维素	PAC-LV	t	8	
39	G2010202B017	羧甲基淀粉	CMS	t	11	
40	G2010202B018	防塌润滑剂	FRH	t	28	
41	G2010202B019	氯化钾	KCl	t	32	
42	G2010202B020	氯化钙	$CaCl_2$	t	15	
43	G2010202B021	氧化钙	CaO	t	9	
44	G2010202B022	两性离子聚合物降黏剂	XY-27	t	1.5	
45	G2010202B023	润湿剂		t	10	
46	G2010202B024	除硫剂		t	4	
47	G2010202B025	封堵剂		t	15	
48	G2010202B026	流型调节剂		t	6	
49	G2010203	生产用水		m^3	1496	
50	G20103	钻井材料运输		口	1	
51	G20103B001	钻井液材料、管具运输		t·km	89000	
52	G20103B002	油料、生产用水		$m^3·km$	99500	
53	G203	固井作业		口	1	
54	G20301	固井施工		口	1	
55	G2030101	一次固井施工	一开 508.0mm 套管固井	次	1	
56	G2030102	二次固井施工	二开 339.7mm 套管固井	次	1	

续表

序号	项目编码	项目名称	项目特征	计量单位	工程量	备注
57	G2030103	三次固井施工	三开 244.5mm 套管固井	次	1	
58	G2030104	四次固井施工	四开 139.7mm 套管固井	次	1	
59	G205	录井作业		口	1	
60	G20501	录井施工		口	1	
61	G2050101	一开录井施工	地质录井	d	3	
62	G2050102	二开录井施工	地质录井	d	11	
63	G2050103	三开录井施工	气测录井	d	23	
64	G2050104	四开录井施工	综合录井	d	39	
65	Q	工程建设其他		口	1	
66	Q1	建设管理		口	1	
67	Q102	钻井工程监督		口	1	
68	Q102B001	钻井监督		d	76	
69	Q102B002	地质监督		d	76	
70	Q2	工程设计		口	1	
71	Q201	钻井设计		口	1	
72	Q20104	钻井施工设计		口	1	

4 钻井工程预算定额

4.1 动迁工程预算定额

序号	定额编号	项目名称	项目特征	计量单位	综合单价	备注
1	CQ-YSDE2019-G10401-001	ZJ50 钻机拆安		元/次	46850	
2	CQ-YSDE2019-G10401-002	ZJ70 钻机拆安		元/次	64300	
3	CQ-YSDE2019-G10402-001	ZJ50 钻机运输	运输距离 L≤100km	元/次	49650	平均按 50km 计算
4	CQ-YSDE2019-G10402-002	ZJ70 钻机运输	运输距离 L≤100km	元/次	58050	平均按 50km 计算
5	CQ-YSDE2019-G10403-001	ZJ50 钻机钻井队动员		元/d	59540.77	采用等停日费
6	CQ-YSDE2019-G10403-002	ZJ70 钻机钻井队动员		元/d	63224.52	采用等停日费

4.2 钻井施工预算定额

定额编号		CQ-YSDE2019-G20101-001	CQ-YSDE2019-G20101-002	CQ-YSDE2019-G20101-003	CQ-YSDE2019-G20101-004
钻机级别	规格型号	ZJ50（施工）	ZJ50（等停）	ZJ70（施工）	ZJ70（等停）
项目	计量单位	金额			
综合单价	元/d	107522.75	59540.77	119566.24	63224.52
1 直接费	元/d	94045.96	52077.99	104579.94	55300.03

— 122 —

续表

序号	项目	规格型号	计量单位	金额		
1.1	人工费		元/d	27525.26	27525.26	26986.24
1.2	设备费		元/d	23390.40	26964.22	17976.15
1.2.1	折旧		元/d	15593.43	17976.15	17976.15
1.2.2	修理费		元/d	7796.97	8988.07	
1.3	材料费		元/d	41180.30	48529.48	9965.64
1.3.1	柴油费	0号	元/d	35750.00	42250.00	4225.00
1.3.2	机油费		元/d	362.22	505.38	50.54
1.3.3	生活水费		元/d	80.00	96.00	12.00
1.3.4	其他材料费		元/d	4988.08	5678.10	5678.10
1.4	其他直接费		元/d	1950.00	2100.00	372.00
1.4.1	通信费		元/d	120.00	120.00	120.00
1.4.2	日常运输费		元/d	1780.00	1920.00	192.00
1.4.3	其他费		元/d	50.00	60.00	60.00
2	间接费		元/d	10345.06	11503.79	6083.00
2.1	企业管理费		元/d	7523.68	8366.39	4424.00
2.2	工程风险费		元/d	2821.38	3137.40	1659.00
3	利润			3131.73	3482.51	1841.49
备注						

4.3 钻井材料预算定额

4.3.1 钻头预算定额

序号	定额编号	尺寸(mm)	类型	型号	计量单位	基础价格	物资采购保管费率(%)	利润率(%)	综合单价	备注
1	CQ-YSDE2019-G2010201-001	660.4	钢齿牙轮钻头	P2	元/只	46575	6	3	50850.59	
2	CQ-YSDE2019-G2010201-002		钢齿牙轮钻头	Y115	元/只	64786	6	3	70733.35	
3	CQ-YSDE2019-G2010201-003		钢齿牙轮钻头	LR117	元/只	64615	6	3	70546.66	
4	CQ-YSDE2019-G2010201-004		PDC 钻头	SD9541ZC	元/只	324786	6	3	354601.35	
5	CQ-YSDE2019-G2010201-005		PDC 钻头	GS719A	元/只	583847	6	3	637444.15	
6	CQ-YSDE2019-G2010201-006		PDC 钻头	HT519SJ	元/只	270769	6	3	295625.59	
7	CQ-YSDE2019-G2010201-007		PDC 钻头	SD9541ZC	元/只	324786	6	3	354601.35	
8	CQ-YSDE2019-G2010201-008	444.5	钢齿牙轮钻头	MP2G	元/只	15537	6	3	16963.30	
9	CQ-YSDE2019-G2010201-009		钢齿牙轮钻头	RT127G	元/只	35479	6	3	38735.97	
10	CQ-YSDE2019-G2010201-010		钢齿牙轮钻头	GJT115L	元/只	82840	6	3	90444.71	
11	CQ-YSDE2019-G2010201-011		镶齿硬质合金牙轮钻头	JT437GK	元/只	117975	6	3	128805.11	
12	CQ-YSDE2019-G2010201-012		镶齿硬质合金牙轮钻头	JT537GK	元/只	73504	6	3	80251.67	
13	CQ-YSDE2019-G2010201-013		镶齿硬质合金牙轮钻头	J537GK	元/只	91106	6	3	99469.53	
14	CQ-YSDE2019-G2010201-014		镶齿硬质合金牙轮钻头	T517	元/只	69231	6	3	75586.41	
15	CQ-YSDE2019-G2010201-015		PDC 钻头	HZP-5	元/只	144856	6	3	158153.78	
16	CQ-YSDE2019-G2010201-016		PDC 钻头	GS619A	元/只	499305	6	3	545141.20	
17	CQ-YSDE2019-G2010201-017		PDC 钻头	ES1655B	元/只	153846	6	3	167969.06	
18	CQ-YSDE2019-G2010201-018		PDC 钻头	GN719	元/只	753077	6	3	822209.47	

案例 B 施工单位钻井工程计价标准体系示例

续表

序号	定额编号	尺寸 (mm)	类型	型号	计量单位	基础价格	物资采购保管费率 (%)	利润率 (%)	综合单价	备注
19	CQ-YSDE2019-G2010201-019	311.1	钢齿牙轮钻头	SKW121	元/只	6831	6	3	7458.09	
20	CQ-YSDE2019-G2010201-020		钢齿牙轮钻头	HJT127G	元/只	17613	6	3	19229.87	
21	CQ-YSDE2019-G2010201-021		钢齿牙轮钻头	LRT127	元/只	9922	6	3	10832.84	
22	CQ-YSDE2019-G2010201-022		钢齿牙轮钻头	LRT117G	元/只	12509	6	3	13657.33	
23	CQ-YSDE2019-G2010201-023		镶齿硬质合金牙轮钻头	MD537	元/只	99573	6	3	108713.80	
24	CQ-YSDE2019-G2010201-024		镶齿硬质合金牙轮钻头	J517GK	元/只	26496	6	3	28928.33	
25	CQ-YSDE2019-G2010201-025		镶齿硬质合金牙轮钻头	JT617GL	元/只	27350	6	3	29860.73	
26	CQ-YSDE2019-G2010201-026		镶齿硬质合金牙轮钻头	J617G	元/只	22222	6	3	24261.98	
27	CQ-YSDE2019-G2010201-027		PDC 钻头	ST915G	元/只	63232	6	3	69036.70	
28	CQ-YSDE2019-G2010201-028		PDC 钻头	GS1605TQ	元/只	118000	6	3	128832.40	
29	CQ-YSDE2019-G2010201-029		PDC 钻头	ES1953HG	元/只	62393	6	3	68120.68	
30	CQ-YSDE2019-G2010201-030		PDC 钻头	SD9435ZC	元/只	167580	6	3	182963.84	
31	CQ-YSDE2019-G2010201-031	215.9	钢齿牙轮钻头	SMD217	元/只	20216	6	3	22071.83	
32	CQ-YSDE2019-G2010201-032		钢齿牙轮钻头	LRT127	元/只	7035	6	3	7680.81	
33	CQ-YSDE2019-G2010201-033		钢齿牙轮钻头	LRT127G	元/只	7618	6	3	8317.33	
34	CQ-YSDE2019-G2010201-034		镶齿硬质合金牙轮钻头	SVT617GW	元/只	30851	6	3	33683.12	
35	CQ-YSDE2019-G2010201-035		镶齿硬质合金牙轮钻头	GFS437	元/只	20629	6	3	22522.74	
36	CQ-YSDE2019-G2010201-036		镶齿硬质合金牙轮钻头	HJS617GL	元/只	22978	6	3	25087.38	
37	CQ-YSDE2019-G2010201-037		镶齿硬质合金牙轮钻头	LR517G	元/只	12797	6	3	13971.76	

续表

序号	定额编号	尺寸(mm)	类型	型号	计量单位	基础价格	物资采购保管费率(%)	利润率(%)	综合单价	备注
38	CQ-YSDE2019-G2010201-038		PDC 钻头	EDM1616EL	元/只	44444	6	3	48523.96	
39	CQ-YSDE2019-G2010201-039		PDC 钻头	HZP-4	元/只	48373	6	3	52813.64	
40	CQ-YSDE2019-G2010201-040	215.9	PDC 钻头	BTS113B9	元/只	28974	6	3	31633.81	
41	CQ-YSDE2019-G2010201-041		PDC 钻头	JKP-5	元/只	112003	6	3	122284.88	
42	CQ-YSDE2019-G2010201-042		PDC 钻头	MD9535H	元/只	68531	6	3	74822.15	

4.3.2 钻井液材料预算定额

序号	定额编号	名称	代号	类型	计量单位	基础价格	物资采购保管费率(%)	利润率(%)	综合单价	备注
1	CQ-YSDE2019-G2010202-001	膨润土		水基配浆原材料	元/t	750	6	3	818.85	
2	CQ-YSDE2019-G2010202-002	有机土		油基配浆原材料	元/t	11000	6	3	12009.80	
3	CQ-YSDE2019-G2010202-003	纯碱	Na_2CO_3	碱度调节剂	元/t	1450	6	3	1583.11	
4	CQ-YSDE2019-G2010202-004	烧碱	NaOH	碱度调节剂	元/t	1800	6	3	1965.24	
5	CQ-YSDE2019-G2010202-005	重晶石	$BaSO_4$	加重材料	元/t	1180	6	3	1288.32	
6	CQ-YSDE2019-G2010202-006	除氧剂			元/t	2500	6	3	2729.50	
7	CQ-YSDE2019-G2010202-007	杀菌剂			元/t	8120	6	3	8865.42	
8	CQ-YSDE2019-G2010202-008	白油		基础油	元/t	1080	6	3	1179.14	
9	CQ-YSDE2019-G2010202-009	主乳化剂			元/t	15300	6	3	16704.54	
10	CQ-YSDE2019-G2010202-010	辅乳化剂			元/t	11850	6	3	12937.83	

续表

序号	定额编号	名称	代号	类型	计量单位	基础价格	物资采购保管费率（%）	利润率（%）	综合单价	备注
11	CQ–YSDE2019–G2010202–011	降滤失剂			元/t	12160	6	3	13276.29	
12	CQ–YSDE2019–G2010202–012	聚丙烯酰胺钾盐	KPAM		元/t	7860	6	3	8581.55	
13	CQ–YSDE2019–G2010202–013	两性离子聚合物强包被剂	FA367		元/t	12300	6	3	13429.14	
14	CQ–YSDE2019–G2010202–014	羧甲基纤维素钠	CMC–HV		元/t	9875	6	3	10781.53	
15	CQ–YSDE2019–G2010202–015	黄原胶	XCD		元/t	9123	6	3	9960.49	
16	CQ–YSDE2019–G2010202–016	低黏聚阴离子纤维素	PAC–LV		元/t	11860	6	3	12948.75	
17	CQ–YSDE2019–G2010202–017	羧甲基淀粉	CMS		元/t	9345	6	3	10202.87	
18	CQ–YSDE2019–G2010202–018	防塌润滑剂	FRH		元/t	11950	6	3	13047.01	
19	CQ–YSDE2019–G2010202–019	氯化钾	KCl		元/t	3880	6	3	4236.18	
20	CQ–YSDE2019–G2010202–020	氯化钙	$CaCl_2$		元/t	815	6	3	889.82	
21	CQ–YSDE2019–G2010202–021	氧化钙	CaO		元/t	432	6	3	471.66	
22	CQ–YSDE2019–G2010202–022	两性离子聚合物降黏剂	XY–27		元/t	11980	6	3	13079.76	
23	CQ–YSDE2019–G2010202–023	润湿剂			元/t	15210	6	3	16606.28	
24	CQ–YSDE2019–G2010202–024	除硫剂			元/t	9978	6	3	10893.98	
25	CQ–YSDE2019–G2010202–025	封堵剂			元/t	11650	6	3	12719.47	
26	CQ–YSDE2019–G2010202–026	流型调节剂			元/t	12500	6	3	13647.50	

4.3.3 生产用水预算定额

序号	定额编号	名称	类型	计量单位	基础价格	物资采购保管费率（%）	利润率	综合单价	备注
1	CQ-YSDE2019-G2010203-001	生产用水		元/m³	8			8	

4.4 钻井材料运输预算定额

序号	定额编号	材料种类	车辆类型	计量单位	综合单价	备注
1	CQ-YSDE2018-G20103-001	钻井液材料、钻具、套管等	卡车、拖车	元/(t·km)	0.55	
2	CQ-YSDE2018-G20103-002	油料、生产用水等	罐车	元/(m³·km)	0.65	

4.5 固井施工预算定额

序号	项目	定额编号	CQ-YSDE2019-G20301-001
		规格型号	
		固井车组	双机双泵
		计量单位	金额
1	综合单价	元/次	190184.61
1.1	直接费	元/次	164861.83
1.2	设备费	元/次	60000.00
1.2.1	折旧	元/次	49107.14
1.2.2	修理费	元/次	39285.71
		元/次	9821.43
1.3	材料费	元/次	42460.41

续表

序号	项目	规格型号	计量单位	金额
1.3.1	柴油费	0号	元/次	19695.00
1.3.2	机油费		元/次	6512.21
1.3.3	汽油费		元/次	538.91
1.3.4	其他材料费		元/次	15714.29
1.4	其他直接费		元/次	13294.28
1.4.1	差旅费		元/次	4500.00
1.4.2	车船使用税		元/次	321.43
1.4.3	保险费		元/次	437.14
1.4.4	其他费		元/次	8035.71
2	间接费		元/次	19783.42
2.1	企业管理费		元/次	11540.33
2.2	工程风险费		元/次	8243.09
3	利润		元/次	5539.36
备注				

4.6 录井施工预算定额

定额编号			CQ-YSDE2019-G20501-001	CQ-YSDE2019-G20501-002	CQ-YSDE2019-G20501-003
录井方法			地质录井	气测录井	综合录井
规格型号					
计量单位			元/d	元/d	元/d
序号	项目			金额	
	综合单价		5366.21	8769.26	12418.13
1	直接费		4693.61	7670.13	10861.66
1.1	人工费		3365.85	4600.00	6487.18
1.2	设备费		146.34	1533.33	2205.13
1.2.1	摊销		146.34	1533.33	2205.13
1.3	材料费		182.40	376.80	763.20
1.4	其他直接费		999.02	1160.00	1406.15
1.4.1	日常运输费		560.00	560.00	560.00
1.4.2	其他费		439.02	600.00	846.15
2	间接费		516.30	843.71	1194.78
2.1	企业管理费		422.43	690.31	977.55
2.2	工程风险费		93.87	153.40	217.23
3	利润		156.30	255.42	361.69
备注					

5 钻井工程费用定额

5.1 人工费定额

序号	定额编号	施工队伍	计量单位	综合单价	备注
1	CQ-FYDE2019-RGG2-001	ZJ50钻机钻井队	元/d	27525.25	
2	CQ-FYDE2019-RGG2-002	ZJ70钻机钻井队	元/d	26986.24	
3	CQ-FYDE2019-RGG2-003	双机双泵固井队	元/次	60000.00	
4	CQ-FYDE2019-RGG2-004	地质录井队	元/d	3365.85	
5	CQ-FYDE2019-RGG2-005	气测录井队	元/d	4600.00	
6	CQ-FYDE2019-RGG2-006	综合录井队	元/d	6487.18	

5.2 设备费定额

序号	定额编号	施工队伍	规格型号	费用名称	计量单位	综合单价	备注
1	CQ-FYDE2019-SBG2-001	ZJ50钻机钻井队	ZJ45、ZJ50D、ZJ50DB、ZJ50L、ZJ50DBS、ZJ50DZ、F250	折旧	元/d	15593.43	
2	CQ-FYDE2019-SBG2-002			修理费	元/d	7796.97	
3	CQ-FYDE2019-SBG2-003	ZJ70钻机钻井队	ZJ70L、ZJ70D、ZJ70DB、ZJ70LD、ZJ70DBS、ZJ60D、ZJ60DS	折旧	元/d	17976.15	
4	CQ-FYDE2019-SBG2-004			修理费	元/d	8988.07	

— 131 —

续表

序号	定额编号	施工队伍	规格型号	费用名称	计量单位	综合单价	备注
5	CQ-FYDE2019-SBG2-005	双机双泵固井队	2000型泵车	折旧	元/次	39285.71	
6	CQ-FYDE2019-SBG2-006	双机双泵固井队	2000型泵车	修理费	元/次	9821.43	
7	CQ-FYDE2019-SBG2-007	地质录井队		摊销	元/d	146.34	
8	CQ-FYDE2019-SBG2-008	气测录井队	SK-101,LH2000	摊销	元/d	1533.33	
9	CQ-FYDE2019-SBG2-009	综合录井队	SDL-9000,SK-2000C	摊销	元/d	2205.13	

5.3 材料费定额

序号	定额编号	施工队伍	规格型号	费用名称	计量单位	综合单价	备注
1	CQ-FYDE2019-CLG2-001	钻井队	0号	柴油费	元/t	6500.00	
2	CQ-FYDE2019-CLG2-002	钻井队		机油费	元/kg	21.69	
3	CQ-FYDE2019-CLG2-003	钻井队		生活水费	元/m³	8.00	
4	CQ-FYDE2019-CLG2-004	ZJ50钻机钻井队		其他材料费	元/d	4988.08	
5	CQ-FYDE2019-CLG2-005	ZJ70钻机钻井队		其他材料费	元/d	5678.10	
6	CQ-FYDE2019-CLG2-006	双机双泵固井队		柴油费	元/t	6500.00	
7	CQ-FYDE2019-CLG2-007	双机双泵固井队		机油费	元/kg	21.69	
8	CQ-FYDE2019-CLG2-008	双机双泵固井队		汽油费	元/L	7.12	
9	CQ-FYDE2019-CLG2-009	双机双泵固井队		其他材料费	元/次	15714.29	
10	CQ-FYDE2019-CLG2-010	地质录井队		材料费	元/d	182.40	
11	CQ-FYDE2019-CLG2-011	气测录井队		材料费	元/d	376.80	
12	CQ-FYDE2019-CLG2-012	综合录井队		材料费	元/d	763.20	

5.4 其他直接费定额

序号	定额编号	施工队伍	费用名称	计量单位	综合单价	备注
1	CQ-FYDE2019-QTG2-001	ZJ50钻机钻井队	通信费	元/d	120.00	
2	CQ-FYDE2019-QTG2-002		日常运输费	元/d	1780.00	
3	CQ-FYDE2019-QTG2-003		其他费	元/d	50.00	
4	CQ-FYDE2019-QTG2-004	ZJ70钻机钻井队	通信费	元/d	120.00	
5	CQ-FYDE2019-QTG2-005		日常运输费	元/d	1920.00	
6	CQ-FYDE2019-QTG2-006		其他费	元/d	60.00	
7	CQ-FYDE2019-QTG2-007	双机双泵固井队	差旅费	元/次	4500.00	
8	CQ-FYDE2019-QTG2-008		车船使用税	元/次	321.43	
9	CQ-FYDE2019-QTG2-009		保险费	元/次	437.14	
10	CQ-FYDE2019-QTG2-010		其他费	元/次	8035.71	
11	CQ-FYDE2019-QTG2-011	地质录井队	日常运输费	元/d	560.00	
12	CQ-FYDE2019-QTG2-012		其他费	元/d	439.02	
13	CQ-FYDE2019-QTG2-013	气测录井队	日常运输费	元/d	560.00	
14	CQ-FYDE2019-QTG2-014		其他费	元/d	600.00	
15	CQ-FYDE2019-QTG2-015	综合录井队	日常运输费	元/d	560.00	
16	CQ-FYDE2019-QTG2-016		其他费	元/d	846.15	

5.5 企业管理费定额

序号	定额编号	施工队伍	计量单位	数额	取费基数	备注
1	CQ-FYDE2019-GLG2-001	ZJ50钻机钻井队	%	8	直接费	
2	CQ-FYDE2019-GLG2-002	ZJ70钻机钻井队	%	8	直接费	
3	CQ-FYDE2019-GLG2-003	双机双泵固井队	%	7	直接费	
4	CQ-FYDE2019-GLG2-004	地质录井队	%	9	直接费	
5	CQ-FYDE2019-GLG2-005	气测录井队	%	9	直接费	
6	CQ-FYDE2019-GLG2-006	综合录井队	%	9	直接费	

5.6 工程风险费定额

序号	定额编号	施工队伍	计量单位	数额	取费基数	备注
1	CQ-FYDE2019-FXG2-001	ZJ50钻机钻井队	%	3	直接费	
2	CQ-FYDE2019-FXG2-002	ZJ70钻机钻井队	%	3	直接费	
3	CQ-FYDE2019-FXG2-003	双机双泵固井队	%	5	直接费	
4	CQ-FYDE2019-FXG2-004	地质录井队	%	2	直接费	
5	CQ-FYDE2019-FXG2-005	气测录井队	%	2	直接费	
6	CQ-FYDE2019-FXG2-006	综合录井队	%	2	直接费	

5.7 利润定额

序号	定额编号	施工队伍	计量单位	数额	取费基数	备注
1	CQ-FYDE2019-LRG2-001	ZJ50 钻机钻井队	%	3	直接费+间接费	
2	CQ-FYDE2019-LRG2-002	ZJ70 钻机钻井队	%	3	直接费+间接费	
3	CQ-FYDE2019-LRG2-003	双机双泵固井队	%	3	直接费+间接费	
4	CQ-FYDE2019-LRG2-004	地质录井队	%	3	直接费+间接费	
5	CQ-FYDE2019-LRG2-005	气测录井队	%	3	直接费+间接费	
6	CQ-FYDE2019-LRG2-006	综合录井队	%	3	直接费+间接费	

6 钻井工程消耗定额

6.1 钻井施工消耗定额

定额编号			CQ-XHDE2019-G20101-001	CQ-XHDE2019-G20101-002	CQ-XHDE2019-G20101-003	CQ-XHDE2019-G20101-004
钻机级别			ZJ50（施工）	ZJ50（等停）	ZJ70（施工）	ZJ70（等停）
规格型号			0号			
序号	项目	计量单位	数量			
1	柴油	t/d	5.50	0.55	6.50	0.65
2	机油	kg/d	16.70	1.67	23.30	2.33
3	生活水	m³/d	10.00	1.50	12.00	1.50
备注						

6.2 固井施工消耗定额

定额编号			CQ-XHDE2019-G20301-001
固井车组			双机双泵
规格型号			0号
序号	项目	计量单位	数量
1	柴油	t/次	3.03
2	机油	kg/次	300.24
3	汽油	L/次	75.69
备注			

7 钻井工程基础定额

7.1 生产组织定额

序号	定额编号	施工队伍定额			人员定额			设备定额			工作量定额		备注
		类型	数量（支）	人数（人）	队年人工费（元）	人均人工费（元）	资产原值（万元）	年折旧（万元）	年修理费（万元）	年有效工作时间（d）	年有效工作量（次）	
1	CQ-JCDE2019-001	ZJ50钻机钻井队	11	50	5450000	109000	2600	308.75	154.38	198		
2	CQ-JCDE2019-002	ZJ70钻机钻井队	10	53	5883000	111000	3300	391.88	195.94	218		
3	CQ-JCDE2019-003	双机双泵固井队	3	30	3360000	112000	1300	220	55		56	
4	CQ-JCDE2019-004	地质录井队	15	6	690000	115000	16	3		205		
5	CQ-JCDE2019-005	气测录井队	3	6	690000	115000	132	23		150		
6	CQ-JCDE2019-006	综合录井队	4	11	1265000	115000	260	43		195		

7.2 生产条件定额

7.2.1 油气田和区块划分标准

序号	定额编号	油气田名称	区块名称	主要目的层	平均垂深（m）	备注
1	CQ-JCDE2019-031	AA	AA12	LMX组	2400	
2	CQ-JCDE2019-032	BB	BB34	LMX组	3750	
3	CQ-JCDE2019-033	CC	CC56	LMX组	3200	

7.2.2 设备类型划分标准

序号	定额编号	钻机级别	钻深能力（m）	钻机类型	备注
1	CQ-JCDE2019-061	ZJ50	5000	ZJ45、ZJ50D、ZJ50DB、ZJ50DBS、ZJ50DZ、F250	
2	CQ-JCDE2019-062	ZJ70	7000	ZJ70L、ZJ70D、ZJ70DB、ZJ70DBS、ZJ60D、ZJ60DS	

7.2.3 车辆平均行驶距离

序号	定额编号	起点	终点	计量单位	平均距离	备注
1	CQ-JCDE2019-071	×××	×××	km	80	
2	CQ-JCDE2019-072	×××	×××	km	65	
3	CQ-JCDE2019-073	×××	×××	km	45	

7.2.4 车辆平均行驶速度

序号	定额编号	车辆类型	计量单位	数量	备注
1	CQ-JCDE2019-091	石油特车	km/h	35	
2	CQ-JCDE2019-092	日常运输车辆	km/h	40	

8 工程建设其他定额

序号	定额编号	项目名称	项目特征	计量单位	综合单价	备注
1	CQ-QTDE2019-Q101-001	钻井监督		元/d	1000	
2	CQ-QTDE2019-Q101-002	地质监督		元/d	800	
3	CQ-QTDE2019-Q21-001	钻井施工设计		元/口	30000	
4	CQ-QTDE2019-S-001	增值税	录井施工、工程设计、监督	%	6	不执行异地预缴
5	CQ-QTDE2019-S-002	增值税	钻井施工、固井施工、运输	%	9	异地预征税率执行2%
6	CQ-QTDE2019-S-003	增值税	钻头、钻井液材料	%	13	

参 考 文 献

[1] 黄伟和．钻井工程全过程造价管理 [M]．北京：石油工业出版社，2020．

[2] 黄伟和，刘海．钻井工程全过程工程量清单计价方法 [M]．北京：石油工业出版社，2020．

[3] 黄伟和，刘海，张关平．钻井工程建设全过程工程量清单计价规则研究 [J]．工程造价管理，2018，(5)：25-31．

[4] 黄伟和．钻井工程造价管理概论 [M]．北京：石油工业出版社，2016．

[5] 黄伟和．石油天然气钻井工程工程量清单计价方法 [M]．北京：石油工业出版社，2012．